W0461569

Peter Grieder

Tibet, Land zwischen Himmel und Erde

Peter Grieder

Tibet

Land zwischen Himmel und Erde

Albatros

བོད་

THE DALAI LAMA

Dank der modernen Entwicklung im Verkehrs- und Kommunikationswesen ist die Welt kleiner geworden. Heutzutage kann man Gegenden aufsuchen und den dort lebenden Menschen begegnen, die sich früher weit abseits befanden, oder man kann zum mindesten an den Erlebnissen der Weitgereisten teilhaben durch das Mittel der Photographie und der Erzählung. Auf diese Weise kommen wir immer mehr zur Feststellung, daß die Menschen, ungeachtet ihres geographischen Standorts und ihrer Kultur, sich im Grunde doch sehr ähnlich sind. Alle sind wir auf der Suche nach dem Glück und wollen dem Leiden entfliehen, das unser Menschsein umgibt, und so sind wir alle voneinander und erst recht von der Umwelt abhängig.

Peter Grieder ist von seinem Zuhause in den Bergen Europas hinausgereist und hat in der großen Welt des Himalaja Inspiration gefunden. Was die Menschen, die er in Ladakh, Zanskar, Bhutan und Tibet traf, unter sich vereint, ist eine ausgeprägte Seelenstärke und Genügsamkeit, die sie weitgehend aus einer gemeinsamen, im Buddhismus wurzelnden Kultur schöpfen.

Eines der Hauptelemente der Lehren Buddhas liegt in der Bedeutung des inneren Weges. Was wir auch immer für äußerliche Entwicklungen durchmachen in dieser Welt oder was für wunderbare Dinge wir in ihr sehen mögen, ohne eine entsprechende innere Entfaltung werden wir die Glückseligkeit, nach der wir streben, nie erlangen. In dem Maße jedoch, in dem es uns gelingt, den innern Weg zu gehen, ein warmes Herz für die andern zu haben und Ruhe für unsern Geist zu finden, liegt die wahre Hoffnung auf Frieden und Freude in der Welt.

Dieses Buch ist allen suchenden Menschen gewidmet.

Zum Geleit

Dies ist ein sehr persönliches Buch. Es ist die Frucht meiner eigenen Suche nach Wahrheit. Um den Leser daran teilhaben zu lassen, habe ich versucht, Bilder und Texte so zusammenzufügen und fließen zu lassen, daß ein innerer Zusammenhang entsteht; eine Art Faden, auf dem die Perlen aufgereiht sind. Entlang diesem *Sūtra* – das ist im Altindischen die Bezeichnung für «Faden» – möchte ich den meditativen Leser und Betrachter ganz allmählich vom Außen ins Innere führen, möchte ihn mit Hilfe meiner eigenen Reisebilder zu einer Reise einladen.

Mit Blumen, Seen, Kindern und Landschaften beginnt die Reise. Mit dem Totenbuch der Tibeter endet sie. Wie beim Maṇḍala beginnt der Weg an der Peripherie, um im behüteten Geheimnis der Mitte zu enden.

Ich muß dabei vorausschicken, daß ich nicht Tibetologe bin. Meine Legitimation, über das Volk vom «Land zwischen Himmel und Erde», über seine Kultur und seine Religion zu schreiben, gründet einzig in meinen Erfahrungen, die ich als Leiter des Klösterlichen Tibet-Instituts in Rikon sammeln konnte – und in meinen ganz persönlichen Lebenserfahrungen.

An dieser Stelle danke ich allen Menschen, die mich auf meinem Lebensweg begleitet haben. Ohne ihre Hilfe wäre dieses Buch nie entstanden.

Wenn dereinst die Eisenvögel fliegen
und die Pferde auf Rädern rollen,
dann wird der Mann aus dem Schneeland
seine Heimat verlassen müssen wie die Ameisen,
und die Lehre wird den «rotwangigen
Mann» erreichen.

(Padmasambhāva, Weissagung
aus dem 8. Jahrhundert)

1 • Der Begründer der Lehre, Siddhārta Gautama Buddha.

Aufbruch in den Himalaja

Land und Leute

Das ethnische Tibet

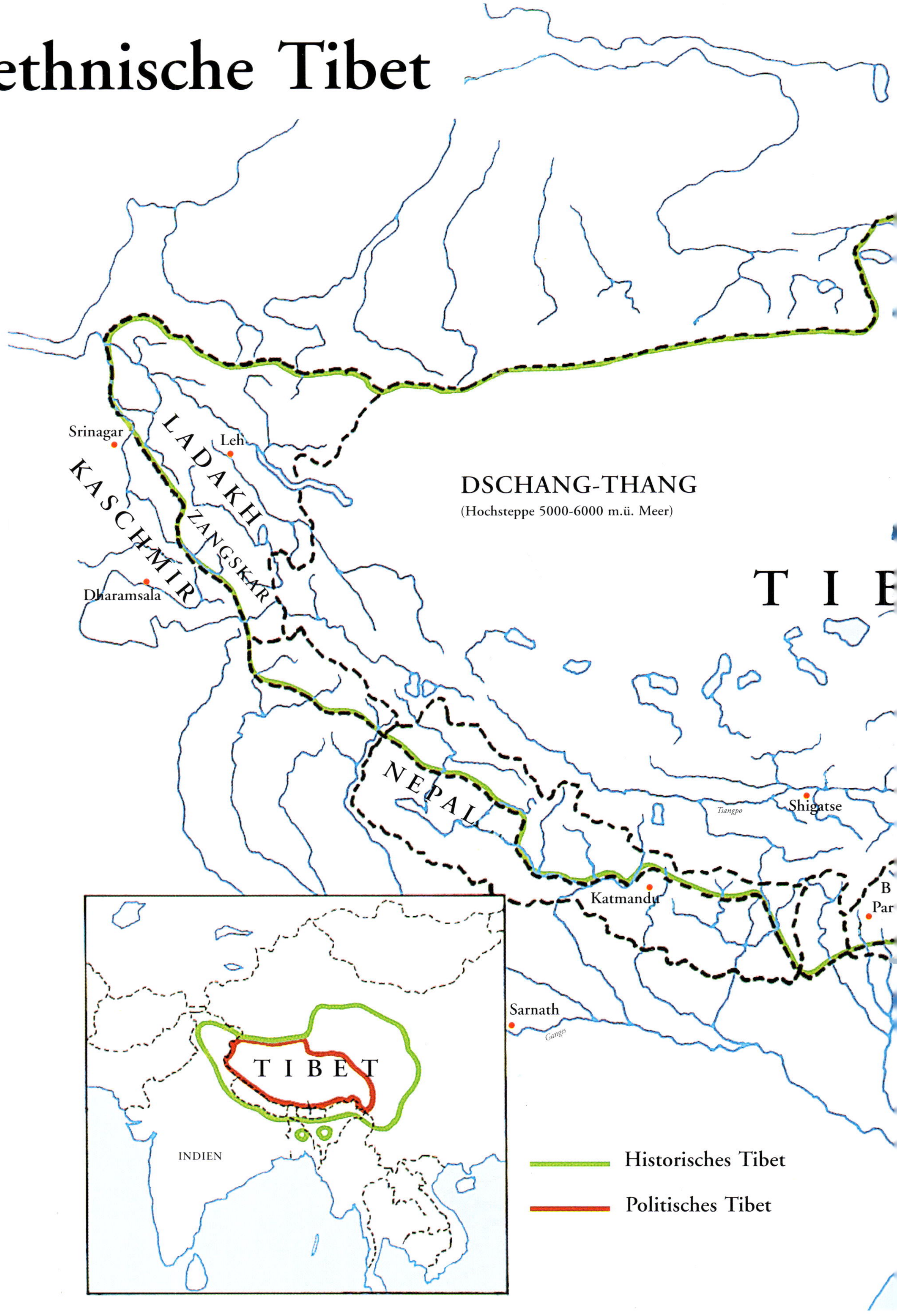

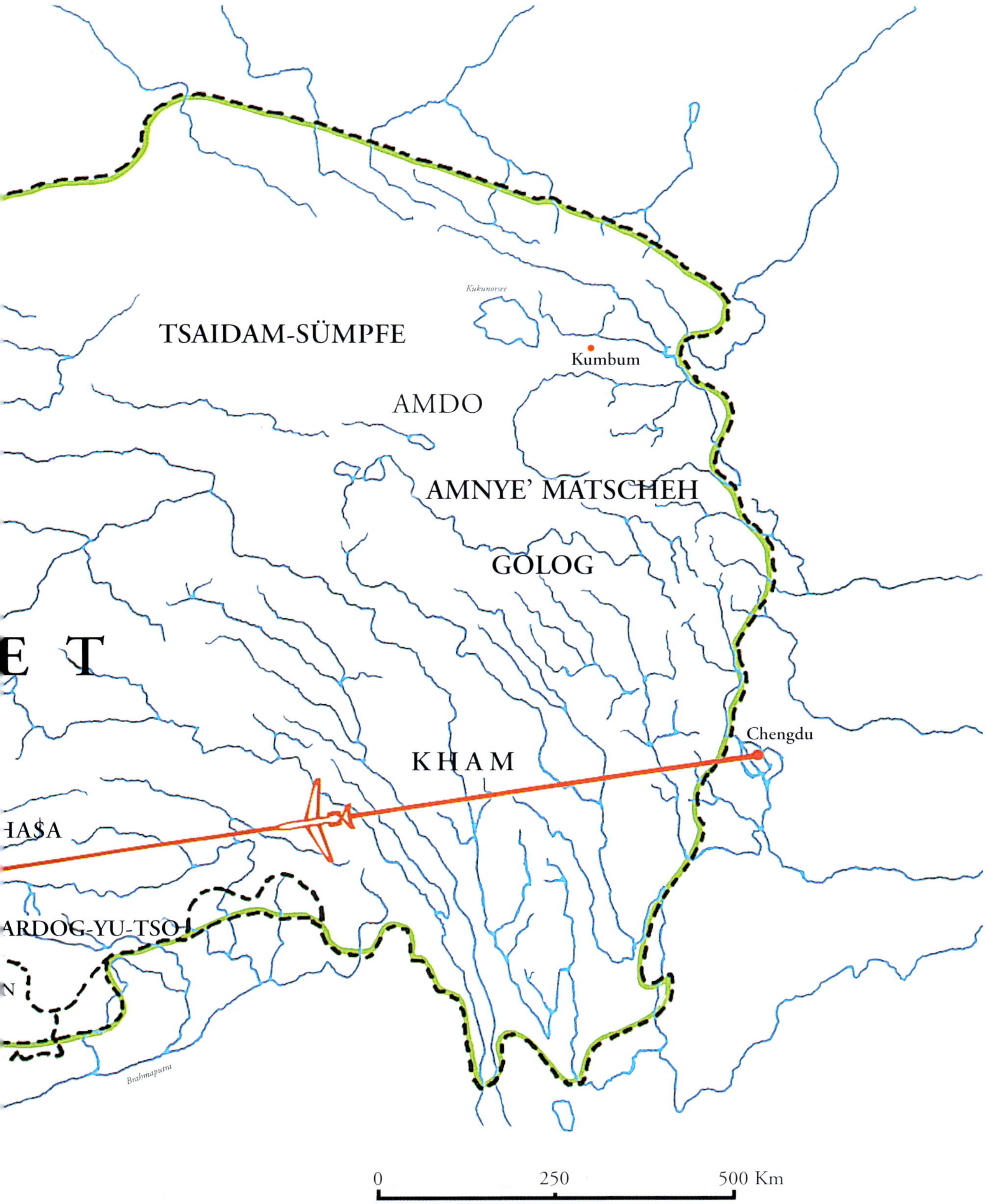

Das "Land zwischen Himmel und Erde" – das ethnische und kukurelle Tibet – reicht weit über die heutigen, von den chinesischen Machthabern willkürlich festgelegten politischen Grenzen hinaus. Es erstreckt sich vom Himalaja-Massiv im Süden bis hin zu den innerasiatischen Wüsten im Norden und von den zerklüfteten Tälern des Karakorum-Gebirges im Westen bis tief hinein in die Provinzen Qinghai und Gansu im Nordosten (Amdo) bzw. Setschuan und Yünnan im Osten (Kham). Von diesem historischen Tibet soll im vorliegenden Buch die Rede sein.

Die Lotosblume – Symbol der Reinheit

Jungfräulich rein und unberührt wächst die Lotosknospe in den kühlen Morgenhimmel. Noch ist die Zukunft nur eine Ahnung, doch die Vollkommenheit ist in ihrem Innersten schon beschlossen. Es kommt der Tag, die Stunde, da wird sie sich öffnen, entfalten und voll dem Licht entgegenblühen. Unbefleckt wird sie triumphieren über Schlamm und Unrat, dem sie entwachsen – und der ihr doch mütterlicher Nährboden ist.

Ist es diese unerschütterliche Zuversicht, daß sich letztlich alles zum Guten wendet; ist es dieses Urvertrauen in die Existenz, ins Sein, so wie es ist, welches den Menschen des «Landes zwischen Himmel und Erde» begnadet hat mit etwas, das wir immer wieder aufs neue als «Heiterkeit des Herzens» empfinden?

2 • Eine Lotosknospe, jungfräulich, rein und unberührt, wächst einem neuen Tag entgegen.

3 • *Ein voll erblühter Lotos – Symbol der Reinheit und des Triumphes des unbefleckten Wahren Wesens des Menschen über den Schlamm der Welt.*

Kaschmir

Die Zufahrt nach «Klein-Tibet» (Ladakh) führt über das zauberhafte Hochtal Kaschmir

Der Landweg von Nordindien nach Ladakh führt über das prächtige Kaschmir-Tal. Es ist das größte Hochtal im Himalaja, und das für seine Seen berühmte Kaschmir-Becken ist etwa 1700 Meter hoch gelegen.
Die Hauptstadt Śrinagar, umgeben von Reisfeldern, Pappelwäldern und Safranfeldern, liegt am Ufer des Flusses Jhelum direkt neben dem mit Lotospflanzen überwachsenen Dal-See. Obwohl es in den Wintermonaten recht kalt werden kann – die Wasserwege können zufrieren, und in Gulmarg wird gar Wintersport getrieben –, liegt das Tal doch noch am Rande der subtropischen Klimazone. Zusammen mit seiner Höhenlage ergibt sich ein geradezu ideales Klima für «Sommerfrischler»: für Sonnenhungrige aus dem Norden ist es sommerlich warm, für die hitzegeplagten Inder dagegen herrlich kühl! Die Kaschmiri selbst jedenfalls sind davon überzeugt, daß Gott das Paradies eben hier erschaffen habe...

Die Kaschmiri leben nach den Gesetzen des Korans

Die Lehre Buddhas muß Kaschmir schon zur Regierungszeit Kaiser Ashokas, also im 3. Jahrhundert vor Christi Geburt, erreicht haben. Dennoch sind die heutigen Bewohner des Hochtales Muslime. Seit dem 10. Jahrhundert sind sie in verschiedenen Wellen von Westen her zugewandert. Ihr heute noch berühmtes Handwerk, die Teppichknüpferei, läßt vermuten, daß sie aus Persien und Turkestan stammen.
Obwohl sich der Islam im Himalaja etwas den hinduistischen und buddhistischen Traditionen angepaßt hat, bleiben die Grundzüge des Bekenntnisses zu Mohammed, dem Propheten, unverkennbar: nur *ein Gott* darf verehrt werden (Monotheismus), und Menschen, die nicht ihr «Heiliges Buch» haben wie sie selbst, etwa die Christen und die Juden, sind vollkommene «Heiden», müssen unterworfen und notfalls getötet werden.
Ein Glück ist, daß sich unter den mohammedanischen Eroberern Kaschmirs auch viele *Sufis* befanden, Angehörige der mystischen Sekte des Islams. Wie sehr die Mystiker aller religiösen Bekenntnisse innerlich verwandt sind, mag das folgende Gedicht des persischen Dichters Djelal-ed-dim Rumi (13. Jh.) bezeugen. Klingen da nicht östliche Erkenntnisse von Evolution und Wiedergeburt an, wenn es heißt:
«Ich starb als Stein und wurde Pflanze,
ich starb als Pflanze und wurde Tier.
Ich starb als Tier: da wurde ich Mensch.
Warum also den Tod fürchten?
Wurde ich jemals schlechter oder geringer, wenn ich starb?
Einmal sterbe ich als Mensch und werde
ein Wesen aus Licht, ein Engel des Traums.
Aber mein Weg geht weiter:
Alles außer Gott verschwindet,
ich werde Stern über allen Sternen
und strahle über Geburt und Tod.»

4 • *Mit Lotosblumen überwachsener See im Hochtal Kaschmir. Die Kaschmiri sind davon überzeugt, daß Gott hier das Paradies erschaffen habe.*

5 • *«Süßes Nichtstun» heißt in Kaschmir «Lotos Eating» und wird schon früh geübt! Der kleine Händler bringt seine Ware zum schwimmenden Gemüsemarkt.*

6 • Die heutigen Bewohner des zwischen Himalaja und Karakorum eingebetteten Hochtales sind Muslime, die seit dem 10. Jahrhundert in verschiedenen Wellen von Westen her zugewandert sind und den Buddhismus verdrängt haben. Hier eine Kaschmiri-Mutter mit einem indischen Sahri bekleidet in einem Park nahe der Hauptstadt Śrinagar.

Das Handeln ist des Kaschmiri Lust

Nur wer schon einmal in seinem Leben mit einem Kaschmiri um den Preis eines Teppichs gefeilscht hat, weiß, was ein Kaschmiri ist! Diese von Kindsbeinen an passionierten Händler stellen mit ihrer trickreichen Verhandlungstaktik, mit ihrer Hartnäckigkeit und meist auch listigen Schlitzohrigkeit wohl alles in den Schatten, was einem Reisenden schon begegnet ist. Selbst die Tibeter, denen im ganzen Himalaja der Ruf vorauseilt, gute Händler und harte Verhandlungspartner zu sein, zählen alle ihre Finger, bevor sie sich mit einem Kaschmiri in ein Geschäft einlassen! Aus der Sicht der Kaschmiri selbst ist das Handeln Ausdruck ihrer Lebensfreude: Es ist Spiel und Sport, das Gewinnen eine Ehrensache – und letztlich eine Frage der Selbstachtung. Mit nichts kann man einem Kaschmiri mehr Eindruck machen, als wenn es einem doch einmal gelingt, mit noch größerer Schlauheit und Hartnäckigkeit den Zweikampf zum eigenen Vorteil zu entscheiden.
Um von Śrinagar nach Leh, dem Hauptort Ladakhs, zu gelangen, müssen per Jeep oder Bus in mühseliger und nicht ungefährlicher Fahrt drei – für ihre Abenteuerlichkeit berüchtigte – Pässe überwunden werden: der Sodschi-La, der Namika-La und schließlich der Phatu-La. Bei *Mulbekh* steht ein in den Fels gehauener haushoher Buddha-Maitreya. Hier beginnt ethnisch und kulturell Tibet, und die Losung heißt nicht mehr «Inschallah» (Allahs Wille geschehe), sondern «Lha-gyel-lo» (die Götter werden siegen).

7 • Wohl nirgends auf der Welt sind die Händler hartnäckiger und schlitzohriger als in Kaschmir. Hier hält ein Händler Salz feil, das aus den unzähligen Salzseen Tibets stammt und schon immer ein klassischer Exportartikel der Tibeter war.

Ladakh

8 • Der «Sodschi-La» oder «Paß der vier Schlangengeister» ist einer der tükkischsten Bergübergänge zwischen Himalaja und Karakorum. Jeden Sommer stürzen Lastwagen, Busse und Jeeps in den Abgrund. Vor einigen Jahren sollen dort über 300 Menschen in einem Schneesturm ihr Leben verloren haben.

9 • Einundzwanzig Haarnadelkurven führen vom Phatu-La, «Ins-Jenseits-Paß», hinunter zum Oberlauf des Indus.

Die Landwirtschaft in der ariden Bergwildnis Ladakhs

Das zwischen Himalaja und Karakorum gelegene Ladakh ist eine Gebirgswüste. Trotzdem kann in den Talböden bei sorgfältiger Bewässerung eine oasenartige Landwirtschaft betrieben werden. Besonders im Sommer fließt reichlich Schmelzwasser der Gletscher und des ewigen Schnees. Die Sonneneinstrahlung in der geographischen Lage Ladakhs entspricht derjenigen des südlichen Mittelmeerraums und ist bei einer durchschnittlichen Höhe von 4000 Metern ganz enorm. So kann Sommergerste bis 4500 Meter ü. M. angepflanzt werden, und auch Hülsenfrüchte und winterhartes Gemüse gedeihen unter diesen klimatischen Verhältnissen ganz ausgezeichnet. Ja, es reifen an geschützten Stellen sogar Aprikosen und Pfirsiche!
Die Vegetationsperiode ist allerdings sehr kurz. Der Boden kann nur zwischen Ende Mai und Mitte August kultiviert werden. Bei den extremen klimatischen Verhältnissen genügt diese kurze Zeit, um die Feldfrüchte zur Reife zu bringen. Von den verschiedenen Getreidesorten schafft es nur die Gerste, auf dieser Höhe zu gedeihen. Sie ist als Nahrung durchaus bekömmlich, hat jedoch den Nachteil, daß sie im Korn keinen Klebstoff hat; daraus kann also kein Brot, nicht einmal ein Fladenbrot gebacken werden. Die Körner werden auf heißen Steinen geröstet und anschließend gemahlen. So entsteht ein Röstmehl, das mit Butter, Tee und ein wenig Salz vermischt zur Grundnahrung der Tibeter wird: dem legendären *Tsampa.*

10 • *In der ariden Bergwildnis ist dennoch eine stabile Landwirtschaft möglich. Das zugeleitete Schmelzwasser der Gletscher und die äußerst intensive Sonneneinstrahlung ermöglichen das Kultivieren von Gerste und Wintergemüse bis auf eine Höhe von 4500 Meter ü. M.*

Die Himalaja-Völker

Kaum irgendwo auf der Welt gibt es so viele ethnische Gruppierungen wie im Himalaja. Neben den aus dem Vorderen Orient eingewanderten indoeuropäischen *Kaschmiri* und hellhäutigen *Darden* im Westen, über die *Döl-pa* zwischen Nepal und Tibet, den *Lepcha* aus Sikkim bis hin zu den *Mön-pa-* und *Nāga*-Völkern am östlichen Ende des Gebirgsmassives wären – wollte man sie alle benennen – wohl noch Dutzende von Volksstämmen aufzuzählen, einige oft nur ein paar tausend Seelen stark. Die *Sherpa,* die aus Osttibet nach Nepal eingewandert sind («Ost-Leute»), haben sich als Bergführer und unentbehrliche Träger auf Hochgebirgsexpeditionen weltweit einen Namen gemacht. Der große Stamm der *Bhotia,* ursprünglich Tibeter, lebt heute in den angrenzenden Staaten Nepal, Sikkim und Bhutan als Halbnomaden, Händler und Bauern.

Die Tibeter unterteilen sich in zwei sich stark unterscheidende Gruppen: die eher kleinwüchsigen Bewohner des südlichen Zentral-Tibets in den zentralen Provinzen *Ü* und *Tsang* – ihre schwarzen Schlitzaugen blitzen meist freundlich lachend aus ihrem runden «Mondgesicht» (Bild gegenüber) –; die *Amdowa* aus der Nordost-Provinz und die aus dem zerklüfteten Bergland im Osten stammenden *Khampa* dagegen sind großgewachsen, stolz und kämpferisch. Ihre scharf geschnittenen Gesichter mit den Adlernasen erinnern an Indianer (Bild 65). Alle diese Menschen aber sind gleichermaßen geprägt durch das harte Leben im Hochgebirge. Sie sind arbeitsam, zuverlässig, zäh – und schlau.

Im Gegensatz zu den Ethnologen wissen die Tibeter, wer ihre Urahnen sind: ein Waldaffe und eine Felsgöttin. Im Laufe der Zeit haben sie dann durch andere Ernährung Schwanz und Fell verloren...

11 • Bäume sind in dieser Gebirgswüste eine große Seltenheit. Wo immer es kleine Baumbestände gibt – meist Pappeln und Weiden –, gibt es Wasser und damit auch menschliche Siedlungen.

12 • Scheu blickt dieses Mädchen mit der geschmückten Filzmütze dem allzu dreisten Fotografen ins Objektiv.

13 • Die Ladakhi sind ethnisch Tibeter und unterscheiden sich in ihren Gesichtszügen und ihrem Charakter deutlich von den aus dem Vorderen Orient zugewanderten Kaschmiri. Auch ihre strahlende Freundlichkeit ist typisch für sie.

14 • Eine gute Mütze gegen die stechende Sonne ist in diesem Höhenklima wichtiger als eine ordentliche Hose…

15 • Wenn ein Fremder mit Sack und Pack kommt, dann ist das im abgelegenen Zangskar-Tal immer eine kleine Sensation.

16 • Typisches Dorf im Zangskar-Tal (4200 Meter ü. M.). Das kostbare Brennmaterial – Dornengestrüpp und Jak-Dung – ist sorgfältig auf den Zinnen der Häuser aufgeschichtet.

17 • Die Mütter tragen ihre Kleinkinder in bunten Tüchern an den Rücken gebunden. Strahlen diese pflanzengefärbten Tücher, diese Geborgenheit der Kinder, diese Ruhe nicht auch eine hohe Lebensqualität aus?

Was wird die neue Erschließungsstraße den Bewohnern des Zangskar-Tales bringen?

Vor wenigen Jahren erst wurde das große Nebental des oberen Induslaufes, das *Zangskar-Tal,* durch eine Straße erschlossen. Bis dahin hatten die dortigen Bewohner kaum je Kontakt mit den Menschen «jenseits der Berge». Nur in wochenlangen mühevollen Trecks konnten sie die größeren Siedlungen *Kargil* oder *Leh* erreichen. Im Winterhalbjahr war selbst dies nicht mehr möglich, es sei denn, sie hätten gewagt, über das trügerische Eis der gefrorenen Flußläufe einen Weg zu suchen. Auf dem einzigen Briefkasten im Zangskar-Tal, dem Hauptort Padum, steht noch heute: «Leerung nächsten Sommer»!

Die Einwohner leben in großer Armut – aber keineswegs im Elend – in Einsamkeit friedlich untereinander. Sie fühlen sich in ihren Großfamilien geborgen. Himmel und Erde, Berge und Blumen, Kinder und Tiere prägen ihr Leben. Ihre Wünsche reichen kaum über den kleinen Alltag hinaus, und sie sind sich der extrem harten Lebensbedingungen kaum bewußt, kennen sie doch von Kind auf nichts anderes. Sind diese Menschen wirklich so wunschlos glücklich? Für die einen ist das klar. Andere argumentieren, man müsse diese Talbewohner aus ihrer Isolation befreien und ihnen materielle Hilfe zukommen lassen. Schließlich bewilligte das indische Parlament einen Kredit für diese rund 200 Kilometer lange Gebirgsstraße.

Was hat sie den Zangskari nun gebracht, diese Straße? Die «Straße», die oft mehr einem Bachbett als einem Fahrweg gleicht und auf der sich jetzt im Sommer einige hundert Besucher in mühevoller dreitägiger staubiger Fahrt zum Hauptort Padum quälen? Blue-Jeans, Transistorradios, Swatches und Kugelschreiber, vor allem aber kleine Verdienstmöglichkeiten, meinen die Jungen begeistert und gefallen sich mit einer modischen Brille auf der Nase. Unruhe und Begehrlichkeit, Zerfall der alten Traditionen, Verlust der Lebensqualität, befürchten die Älteren; die Jungen erhoffen sich vom Kontakt mit der westlichen Industriewelt eine gesteigerte Lebensqualität. Wer hat dabei recht?

Eine Frage, deren Antwort in der ganzen Welt umstritten und deshalb so schwer zu finden ist, weil sie nicht die Wirtschaft, sondern die Philosophie anspricht. Ist nicht der Mensch immer dann glücklich, wenn er mit dem *zufrieden* ist, was er hat – sei es auch noch so wenig! Die eigene Erfahrung lehrt uns, daß die *unerfüllten* Wünsche unglücklich machen, unabhängig davon, wieviel wir schon besitzen.

Mit der Straße wurde den Zangskari das Tor zu unserer Welt geöffnet – und damit das Tor zum materialistischen Denken. Wie glücklich wir bei dieser Lebensart geworden sind, wissen wir ganz gut. Gleichzeitig aber werden sie diese Erfahrungen jetzt *selbst* machen müssen.

Wir kennen das schöne Gleichnis vom «Verlorenen Sohn». Der Vater hat nicht für den brav zu Hause gebliebenen ein Festmahl gegeben, sondern für den anderen, der sich in die Wirrnisse der Fremde wagte und schließlich, um eine große Erfahrung reicher, den Weg nach Hause wiedergefunden hat.

18 • Barfüßig und in einen Lumpenmantel gekleidet, schreitet dieser alte Mann würdig zu einer religiösen Veranstaltung.

Das Verhältnis zwischen den Klöstern und der Laienbevölkerung

Ladakh liegt auf indischem Boden und gehört deshalb zu den Gebieten, in welchen die in der tibetischen Kultur wurzelnden Traditionen unverändert weiterleben.

Nach alter Überlieferung sollte einer von sieben sich ganz der Suche nach Wahrheit hingeben können. Die anderen sechs haben die Aufgabe, für den Lebensunterhalt dieses Privilegierten aufzukommen. So sind die Klostergemeinschaften entstanden, zu deren Unterhalt sich die Bevölkerung noch heute zutiefst verpflichtet fühlt.

Da Mädchen und Frauen – wie wohl in allen Kulturen – sehr viel seltener der Familie entsagen wollen, um einer klösterlichen Gemeinschaft beizutreten, wird nicht einer von sieben, sondern ungefähr einer von fünf Knaben zur Erziehung ins Kloster gebracht. Obwohl es ihnen freisteht, zu irgendeinem Zeitpunkt die Mönchsrobe abzulegen, verbleiben sie zeit ihres Lebens im Kloster, und die Familie sorgt noch heute für Nahrung und Kleidung der Klosterangehörigen. Da die Blutsverwandtschaft in dieser alten Kultur von überragender Bedeutung ist, unterhalten die Familien engste Beziehungen zu ihren im Kloster lebenden Familienmitgliedern.

Die Mönche auf dem «Pfad der Erleuchtung» übernehmen anderseits die Pflicht, die Laienbevölkerung in mannigfacher Weise zu belehren und geistlich zu betreuen.

19 • Ein hoher inkarnierter Lama (Tulku) zieht durchs Tal und erteilt religiöse Belehrung. Rechts sitzen die an ihrem schönen Kopfschmuck (Perak) erkenntlichen verheirateten Frauen; links die ledigen Mädchen.

Die Bedeutung der Klöster für Tibet und seine Kultur

Vor der Zerstörung tausender religiöser Kultstätten durch die Kulturrevolution mag es bevölkerungsbezogen auf tibetischem Boden so viele Klöster gegeben haben wie bei uns heute Schulhäuser: vom kleinsten «Gömpa» zwischen zwei Dörfern bis zu den mächtigen Staatsklöstern (vergleichbar unseren Universitäten) in der Nähe der tibetischen Hauptstadt Lhasa. Sie waren in ihrer über tausendjährigen Geschichte *absoluter Mittelpunkt der tibetischen Kultur;* nicht nur Stätten religiösen Denkens und kultischen Handelns, in untrennbarer Einheit zugleich auch Schulen und Hüter und Bewahrer aller Künste: Malerei, Medizin, Kalligraphie, Musik, Astrologie. Es gab kaum ein Wissensgebiet, das nicht in die Verantwortung der Klöster gefallen wäre.

Eine weitere soziale Funktion haben diese Lehranstalten in bezug auf die Aufstiegsmöglichkeiten begabter junger Männer, gleich welchen Standes und welcher Herkunft. In der streng geordneten Klosterhierarchie steht grundsätzlich jedem die Möglichkeit offen, zu Amt und Würden zu gelangen. Ja, als Abt eines der großen Staatsklöster konnte er in Regierungsangelegenheiten des Landes mitreden. Im 13. Jahrhundert, unter den über ganz Zentralasien herrschenden Mongolen, wurde der Abt des Klosters Śākya nicht nur als oberster Priester der tibetisch-buddhistischen Welt, sondern auch als Fürst und königlicher Herr über ganz Tibet eingesetzt. Ebenso ist der seit 1959 im indischen Exil lebende 14. Dalai-Lama geistliches und weltliches Oberhaupt der Tibeter.

20 • Als Stätte der Kultur, die noch eine untrennbare Einheit mit der Religion bilden, sind die Klöster für die Ladakhi von überragender Bedeutung. Hier die 1410 bis 1440 erbaute Klosteranlage von Triktse.

21 • Das Kloster Lamayuru liegt weit oberhalb des Industales an der einzigen Verbindungsstraße zwischen Śrinagar und Leh, der Hauptstadt Ladakhs.

22 • Ein Novize (Ge-tsül) im Kloster Lamayuru. Bis vor wenigen Jahren waren die Klöster die einzige Bildungsstätte für die Knaben.

Die tibetische Schrift und Sprache

Der im 7. Jahrhundert lebende König *Songtsen-Gampo,* nach alter Überlieferung der 32. König Tibets, war mit zwei Frauen verheiratet. Die eine Gattin, *Wen-tsch'ing,* stammte aus dem chinesischen Kaiserhaus, die andere, *Bhṛikuṭī,* war eine Prinzessin aus dem Königshaus von Nepal. Beide waren sie überzeugte Buddhistinnen und gewannen ihren Gemahl für die Idee, den Buddhismus in seinem Reich einzuführen.

Man nimmt an, daß das tibetische Idiom zu dieser Zeit nur eine schriftlose Mundart war; also mußte zuerst eine Schrift entwickelt werden, damit die Lehre Buddhas übersetzt und gelesen werden konnte. König *Songtsen-Gampo* sandte einen Minister nach Indien mit dem Auftrag, aus dem Sanskrit eine geeignete Schrift und Grammatik abzuleiten. Da das Sanskrit, wie Griechisch und Latein, der indogermanischen Sprachenfamilie angehört, ist das Tibetische wenigstens über die Schrift noch mit unserem Sprachraum verwandt. Das läßt sich beispielsweise daran erkennen, daß die Schreibrichtung horizontal und von links nach rechts verläuft, und nicht vertikal, wie das bei einer dem chinesischen Sprachraum zugehörigen Sprache erwartet werden müßte.

Die kalligraphisch sehr anspruchsvolle und schöne Schrift kennt grundsätzlich drei Varianten: Blockschrift, Kurrentschrift und zahlreiche mehr oder weniger stilisierte Zwischenformen. Da bis in die Neuzeit ausschließlich nur religiöse Texte geschrieben und gedruckt wurden, ist das Schriftbild bis ins kleinste Detail über die ganze Zeit unverändert tradiert worden.

23 • Dieser Klosterschüler übt sich in einer kalligraphischen schönen und anspruchsvollen Zierschrift. Er benützt dazu eine mit Kreidewasser eingeschlemmte schwarze Holztafel, aus der er mit einem Holzstäbchen, das er im Mund immer wieder benutzt, die Silbenzeichen herausputzt.

24 • Die prachtvollen Fresken in den Klöstern sind nicht als stimmungsvolle Dekorationen gedacht, sondern haben immer in erster Linie kultische Bedeutung. Hier das zauberhafte Bildnis eines Bodhisattvas mit dem Gestus (Mudrā) der Furchtlosigkeit und Schutzgewährung (Abhaya-Mudrā), die ermutigt, ihm näherzutreten.

Die Bedeutung der Malerei und der kultischen Musik

Im ganzen tibetischen Kulturkreis gründen künstlerische Impulse im religiösen Erleben. Sie bringen innere Erfahrungen auf eine subtile materielle Ebene und machen sie so sinnlich erfahrbar. Die visionären inneren Bilder finden ihren Niederschlag im tantrisch-buddhistischen Kunstschaffen und werden nach tibetischer Tradition in *Kuten* («Körper-Behältnis», z.B. eine Statue), *Sungten* («Wort-Behältnis») und *Thugten* oder *Tschörten* («Sinn-Behältnis», «Opfergaben-Behältnis») gegliedert.
Kuten («Körper») bedeutet im weitesten Sinne die äußere materielle Erscheinungsform eines Kunstwerkes. In ihrer höchsten Form ist Kunst immer eine Art Glockenguß des Geistigen ins Irdische. Und Sungten («Sprache») ist sozusagen der eherne Klang, der die Glocke in uns erweckt. Tschörten («Bedeutung») meint in diesem Zusammenhang die absolute Übereinstimmung von Form und Inhalt. In dieser Übereinstimmung wiederum bildet das Kunstwerk eine Brücke zur geistigen Dimension. Ob klösterliche Architektur, Malerei, Dichtung oder Musik, alle haben sie mit ihren Formen, Farben, Rhythmen, Klängen und Symbolen ein einziges Ziel: den Menschen innerlich wachsen zu lassen, ihn zu befreien.
Obwohl zu allen Zeiten Künstler mit Rang und Namen von den Mächtigen des Landes beauftragt wurden, Kunstwerke zu rituellen Verwendungen zu schaffen, bleibt diese Art schöpferischen Tuns dem Wesen nach *anonym.* Nicht der Künstler als Person, sondern die im Laufe der Zeit formalisierte Aussage des Kunstwerkes, sein kultischer Verwendungszweck, stand im Vordergrund. Der Künstler wurde zwar hoch geschätzt, aber nicht verehrt. Trotzdem war er nicht nur Handwerker; er verstand sich als Werkzeug überpersönlicher Inspiration. In einer indischen Tempelanlage meißelte der unbekannt gebliebene Bildhauer in den Sockel seines grandiosen Bildwerkes: «Wie hab' ich das bloß fertig gebracht!»
Diese Demut des Künstlers ist bezeichnend. Nicht Drang nach schöpferischer Freiheit durfte den Künstler beflügeln, der das wundervolle Fresko eines Bodhisattvas (Bild 24) schuf. Die meisten Einzelheiten wie Fuß- und Handstellung, Schmuck und Farbgebung waren ikonographisch schon vorgegeben und ließen dem Schaffenden keine künstlerische Freiheit. Zudem war das Malen des Bildnisses sicherlich ein Auftrag. Aber ein bloß sauberes Handwerk hätte niemals diese Ausstrahlung zur Folge gehabt. Die vorgeschriebene Geste (Mudrā) der rechten Hand bedeutet: «Tritt näher und fürchte dich nicht.» Sie wird durch den unendlich sanften und liebevollen Gesichtsausdruck unterstrichen. Durch diese Übereinstimmung von Form und Aussage geht das Bild zu Herzen.
Vielleicht kommt ganz besonders durch dieses Beispiel zum Ausdruck, weshalb die Kunst der Himalaja-Völker so *zeitlos* ist. Es gilt als innerstes Anliegen dieser nur dekorativen, meist instruktiven und in der höchsten Form kontemplativ-meditativen Kunstrichtung, ewig gültige Wahrheiten ins Sichtbare zu bringen.
Wo Licht ist, ist Schatten. Wo Freude ist, ist Leid. Wo es liebende Zuwendung gibt, besteht haßerfüllte Ablehnung. Diese in den westlichen Kulturen meist vollkommen verdrängte Erkenntnis kommt im tantrischen Buddhismus voll zum Durchbruch. So reitet denn die schreckensvolle, alles verschlingende *Pèlden Lhamo* auf ihrem Geisterpferd pestverbreitend über einen See von Blut (Bild 25). Ihr Haupt ist mit Totenschädeln bekrönt und von einer Feueraureole umlodert; sie sitzt auf Menschenhäuten – und das unheimliche Auge auf der Kruppe des Reittieres ist ikonographische Bestätigung, daß es sich tatsächlich um die «Unaussprechliche» handelt. Eine ewig gültige Wahrheit unserer polaren Welt: Alles Gute hat einen ebenso großen Schatten!

25 • Die schreckensvolle Pèlden Lhamo auf ihrem fahlen Maultier – mit dem geheimnisvollen «Dritten Auge» auf der Kruppe des Reittiers –, ist die Schutzherrin von Lhasa, der Hauptstadt Tibets. Ein Mönch ist eben dabei, den «Blutsee» auszubessern.

Auch die Musik, einzig in ihrer Art, bildet im Lenken positiver und negativer Kräfte auf magischer Ebene einen festen Bestandteil des tibetisch-buddhistischen Rituals. Im Zusammenspiel von Glocken, Hörnern, Oboen, Becken und verschiedener Trommeln entsteht eine urwüchsige Klangwelt, die den Zuhörer gelegentlich erschauern läßt.
Glockenrituale, von Muschelhörnern *(Dungkar)* und den oboenartigen *Gyaling* paarig geblasen, dienen der Aktivierung friedlicher Kräfte. Trommelrituale dagegen sollen die negativen Kräfte zerstören, sie wenigstens bannen und alles Unheilsame beenden. Das unheimlichste und absonderlichste Instrument ist das Knochenhorn *Kangling,* nach genauen Anweisungen aus einem menschlichen Oberschenkelknochen gefertigt. Sein schauerlicher Ton – zam-hum-bam-hohohoho – trifft den Zuhörer bis ins innerste Mark. Auch hier wieder soll ein dynamischer Prozeß der Erleuchtung in Gang gesetzt werden: In der Hölle ist die Sehnsucht nach dem Himmel am größten!

26 • Ein Klosterschüler bläst die alphornartige «Dungtschen».

27 • Unter den schauerlich-schönen tiefen Klängen der langen Kupferhörner wird das Jahresfest in P'hiyang eingeleitet: die Tscham-Mysterienspiele nehmen ihren Anfang.

28 • Ein Tscham-Tänzer in prunkvoll wallendem Brokatgewand bewegt sich in genau vorgeschriebenen Schritten …

Die Tscham-Mysterienspiele

Mysterienspiele sind weltweit Einweihungsspiele, die den Kampf der Kräfte des Lichten gegen die finsteren Mächte symbolisieren. Sie enden immer mit dem Sieg des Guten. Wirklichkeit ist letztlich nur das Licht, das Dunkel sein Schatten, seine Abwesenheit. Zu dieser Erkenntnis muß sich der Mensch immer wieder neu durchringen.

In den meisten lamaistischen Klöstern zelebrierte man früher zur Zeit der Wintersonnenwende solche Einweihungsspiele. Wie viele unserer magischen Fastnachtsbräuche, die sich vor allem in abgelegenen Orten, in den Bergen, bis heute erhalten haben, war auch das Tscham-Fest ursprünglich das Siegesfest eines neuen Jahres; jeder länger werdende neue Tag wurde ein Sieg über die lichtraubenden, dämonischen Kräfte des Winters.

Heute ist diese Tradition nur noch in den Randgebieten Tibets, in Ladakh, Sikkim und Bhutan, lebendig, und das Datum, nach dem Mondkalender berechnet, ist meist auf die Sommermonate verlegt worden.

Die Requisiten dieser farbenprächtigen Tänze sind kostbare, langwallende Seiden- und Brokatgewänder. Die Masken-Gottheiten sehen wild aus und stellen Dämonen und Tiere dar. Schließlich gehören sämtliche Ritualgegenstände wie Dolch, Hackbeil, Pfeil und Bogen, «Donnerkeil» *(Dordsche),* Schädelschalen und vieles mehr dazu. Tanzschritte und Choreographie unterliegen präzisen Anweisungen, die sehr frühen tantrisch-buddhistischen Schriften entnommen sind. Die Rollen dieser Darbietungen, meist Pantomimen mit Musikbegleitung, dürfen nur von Mönchen ausgeführt werden; die Aufführungen finden in der Regel im Lehrhof des Klosters statt. Während Wochen steht groß und klein im Kloster im Banne der Vorbereitungen auf dieses Jahresfest. In den letzten Tagen unterwerfen sich die Darsteller strengen Fastenübungen und meditieren über die «Leerheit» aller Dinge. In der Nacht vor dem ersten Tag werden dann die Masken durch spezielle Rituale «zum Leben erweckt».

Unter donnernden Klängen der «Großen Hörner» *(Dungtschen)* erscheinen zur Eröffnung der Spiele 13 Schwarzhutmagier, um alles Unheilvolle zu bannen. 13 ist die heilige *Bön*-Zahl. Sie weist auf den Ursprung dieser vorbuddhistischen Tänze hin. Respekteinflößende «Mönchspolizisten», mit langen gekalkten Stöcken oder Pferdepeitschen bewehrt, sorgen für Ordnung unter den zahlreich herbeigeströmten Zuschauern. Einige «Spaßmacher» genießen die Narrenfreiheit, selbst die heiligsten Szenen zu persiflieren. Mit ihrem Ulk bringen sie das Volk immer wieder zum Lachen, was in der fast bedrohlichen Ernsthaftigkeit des Schauspiels ungeheuer befreiend wirkt. Während dreier Tage, die nur durch kurze Mittagspausen unterbrochen werden, agieren die Tänzer fast pausenlos. Heroen mit Rasseln und Trommeln aus der alttibetischen Mythologie, indische Brahmanen, die sich durch komische Masken und ihr gestelztes Verhalten selbst lächerlich machen, treten auf; es tanzen im Ritualschritt grimmige Schutzgottheiten und Hüter der Lehre über den Klosterhof, gefolgt von Totenskeletten und maskierten Geistern mit magischen Spiegeln als Schutzschild vor Dämonen. Furien fegen über den Platz, wild tanzende und schreiende Kinder verspotten einen alten chinesischen Gelehrten, was an den Sieg des tibetischen Buddhismus über die chinesischen Schriftgelehrten am Königshof im 8. Jahrhundert erinnern soll.

Der Tanz der Hirschmaske, die früher dem Vernehmen nach nur in Sikkim zu sehen war, gehört mit ihren knallfarbenen Gewändern, der glänzend gelben Maske und den bunten Wimpeln zwischen den Geweihstangen zum Fulminantesten, was an Tanzkunst zu bewundern ist. Mit ihren weitausholenden Schritten, hohen Sprüngen und rasenden Drehungen übertrifft sie an Schönheit und Eleganz alles, was an Tänzerischem dargeboten wird.

Zum Schluß bezwingt der Todesgott *Yāma* die in der Mitte des Klosterhofes am Boden liegende kleine Teigfigur in menschlicher Gestalt; sie erinnert an vorbuddhistische Blutopfer und wird von *Yāma* mit einem Ritualdolch erstochen, zerhackt und teilweise einverleibt. Vier Skelette führen in der Folge einen Freudentanz auf und beenden so die zutiefst unheimliche und beeindruckende Szene.
Die Tscham-Tänze, die noch immer eng verbunden sind mit vorbuddhistischem Gedankengut, werden vorwiegend im Rahmen der *Kagyü-Schule,* dem nicht reformierten Orden der «Rotmützen», gepflegt. Die reformierten Klöster der *Gelugpa*-Tradition, denen auch der Dalai-Lama angehört, sind diesen Tänzen gegenüber eher zurückhaltend.

29 • ... und Drehungen.

30 • Ein Schwarzhutmagier führt ein Ritual aus, das in vorbuddhistischer Zeit ein grausiges Blutopfer gewesen sein mag. In der rechten Hand hält er den Ritualdolch, den P'hur-bu.

31 • Das aus Gerstenmehl (Tsampa) und Butter geknetete «Menschenopfer» versinnbildlicht – seitdem der Buddhismus diese alten Bräuche übernommen hat – einen Dämon. Durch den Todesstoß mit dem Dolch wird nicht der Dämon, sondern seine Unwissenheit vernichtet, und damit wird er befreit.

Die alten Bön-Rituale und der Buddhismus

Der Buddhismus als reine Erkenntnislehre kennt keinen Gottesbegriff in unserem Sinne und ist deshalb nicht dogmatisch. Diese Grundhaltung ermöglichte es ihm zu allen Zeiten, mit anderen Religionen symbiotische Verbindungen einzugehen, ohne sich dabei selbst zu verlieren. Dazu gehören auch alte vorbuddhistische, aus der Bön-Zeit stammende Rituale, welche der Buddhismus umzudeuten verstand. Man kann sich fragen, was beispielsweise ein kultisches Instrument wie der Ritualdolch im sonst so überaus friedfertigen Buddhismus zu suchen hat. Heißt doch das erste Gebot *(Schila)*: «Ich bemühe mich, keinem fühlenden Wesen Leid zuzufügen.» Wir wissen, daß ins *Lingam* (ein aus Gerstenmehl geknetetes menschliches Wesen) ein Dämon projiziert wird, der das Böse verkörpert und deshalb unschädlich gemacht werden soll. Aus buddhistischer Sicht ist konsequenterweise aber auch ein Dämon ein Wesen, das unserem Schutz anempfohlen ist. Dieser Dämon wird dann tatsächlich nicht getötet, vielmehr ist der Schwarzhutmagier darin ausgebildet, nur die *Unwissenheit* des Dämons zu vernichten. Dadurch wird das dämonische Wesen befreit. Denn nur aus Unwissenheit wird ein «Wesen» zum Dämon. «Töten» und «befreien» werden denn auch in den entsprechenden buddhistischen Texten im gleichen Sinne verwendet.

32 • *Schon in diesem Kindergesicht widerspiegelt sich größte innere Anteilnahme an dem unheimlich-faszinierenden Ritual.*

33 • Die Landschaft Ladakhs ist von unerhörter Eindrücklichkeit, die niemand gleichgültig läßt. Man kann sie im Grunde nur lieben oder hassen.

Menschen zwischen Himmel und Erde

Wir stehen auf 4500 Meter ü. M. Die Luft ist dünn. Nicht nur der Höhe wegen, zusätzlich fehlt eine sauerstoffbildende Vegetation. Es ist unheimlich still hier, kein Rauschen eines Baches, kein Säuseln des Windes im Geäst der Bäume. Grell und erbarmungslos brennt die Sonne vom blanken Himmel. Unvermittelt türmen sich feuchte Luftmassen vom indischen Subkontinent zu einer dräuend schwarzen Wolkenwand. Blitze zucken. Hagelschloßen prasseln auf den ausgetrockneten Boden. Dann wieder Sonne – Stille – Bergeinöde.
Diese trostlose Mondlandschaft fasziniert und erschüttert zugleich. Wie verlorene Kinder stehen wir zwischen Himmel und Erde: hilflos, schutzlos, allein. Dann wiederum fühlen wir uns beidem untrennbar nah, wissen uns in beglückender Weise mit Himmel und Erde alleins. Ein schier unerträglicher Zwiespalt unserer Seele; übermächtig erwacht in uns der Wunsch nach einer Stätte der Zuflucht.
Ist das der Grund, daß sich in dieser lebensfeindlichen Gebirgswüste im Laufe der Jahrhunderte so viele klösterliche Gemeinschaften gebildet haben? Ein Kloster verspricht Schutz und Geborgenheit, menschliche Wärme, Farben, Klänge, Düfte... und der «verlorene» Mensch kann zum unendlichen All-Einen, nach dem er sich so sehnt, Zuflucht nehmen.
Die stehende Formel der Zufluchtnahme zu den «Drei Kostbarkeiten» *(Triratna)* heißt in allen buddhistischen Schulrichtungen: «Ich nehme Zuflucht zu *Buddha,* zu seiner *Lehre* (Dharma) und zu seiner *Gemeinschaft* (Saṅgha).»

34 • Die Landschaft zeichnet sich in die Gesichter der Menschen.

35 • Die sagenumwobene Blaue Blume, der blaue Mohn, blüht nur in den abgelegenen Hochtälern des Himalaja.

Bhutan

Bhutan, das «Drachen-Land»

Drug-yül, «Drachen-Land», ist das letzte buddhistische Königreich im Himalaja. Es liegt zwischen Indien und Tibet auf der Südseite des gewaltigen Gebirgsmassives; seine zahlreichen Klöster bewahren – wie in Ladakh, Nepal und Sikkim – eine ungebrochene tantrisch-buddhistische Tradition.

Das Klima ist feucht und vergleichsweise mild, und während des Sommermonsuns in Indien regnet es fast pausenlos. Im südlichen Teil des Gebirgsdschungels leben Elefanten und Tiger, Horden von Affen schwingen sich kreischend durch die Wipfel der Bäume. Riesige Farne und Bambuswälder säumen die Straße. Auf den lianenumwundenen Bäumen blühen wilde Orchideen, und während der Frühlingsmonate verwandeln ganze Wälder von Rhododendren und Azaleen die Landschaft in ein Blütenmeer. Im etwas höher gelegenen Teil des Landes lebt noch der schwarze Bär. Wer viel Glück hat, begegnet ganz in der Höhe an der tibetischen Grenze dem weißen Schneeleoparden.

Mehr als die Hälfte des Landes ist von diesen urwaldähnlichen Gebirgswäldern bedeckt. Der Rest des fruchtbaren Bodens wird von der genügsamen und fleißigen Bevölkerung, den *Drugpa,* landwirtschaftlich genutzt. Im Lande werden verschiedene Dialekte gesprochen, dennoch lernen alle Schüler das *Dzongkha,* die in den Klöstern gesprochene und geschriebene Sprache. An regelmäßig stattfindenden Sonntagsmärkten tauschen sie ihre Waren aus und brauchen so wenig Bargeld. Das mag die Erklärung dafür sein, daß Bhutan nach internationalen Statistiken zu den Ländern mit dem kleinsten Pro-Kopf-Einkommen zählt. Der Lebensstandard und die Lebensqualität ist aber vergleichsweise sehr hoch. Es mangelt kaum jemand an lebensnotwendigen Dingen.

Bis Ende der sechziger Jahre war das Land nur zu Fuß, auf Pferden und Jaks zu bereisen. Jeder Besucher mußte eine Einladung des Königshauses vorweisen. Und obwohl heute eine Fahrstraße quer durch das Land führt – vermutlich eine der kurvenreichsten der Welt! –, befinden sich kaum mehr als ein paar Dutzend Fremde gleichzeitig im Drachen-Land. *Jigme Sengye Wangchuk,* der junge, kluge König von Bhutan, behütet sein Kleinod von einem Bergland vor unkontrollierten Touristenströmen. Er hat aus den Erfahrungen der Nachbarländer rechtzeitig die notwendigen Schlüsse gezogen. Seit kurzem dürfen die Klöster von Ausländern nur mit spezieller Bewilligung des Königshauses betreten werden.

Als eigentlicher Begründer des bhutanischen Reiches wird *Shabdung Ngawang Namgyal* verehrt, der im 17. Jahrhundert aus Tibet geflohen ist. Zuvor war er Oberlama im Kloster der *Drugpa* (der Drachensekte im tibetischen Ralung). Er wurde von Gliedern der Schule der «Gelbmützen», denen auch der Dalai-Lama angehört, außer Landes vertrieben. Diese geschichtliche Reminiszenz ist im eher gespannten Verhältnis zwischen Bhutan und dem «religiösen Mutterland» Tibet einerseits und der Institution der Dalai-Lamas andererseits spürbar. Bhutan besteht heute noch auf dem Ausdruck «Himalaja-Buddhismus» und unterscheidet sich damit vom «Tibetischen Buddhismus». Der bhutanische Buddhismus zählt zur Drugpa-Kagyüpa-Sekte, einer Schule der «Rotmützen», die in der nicht reformierten «Schule der Alten» *(Nyingmapa)* wurzelt. Nyingmapa ist eine Schöpfung des hochverehrten Guru *Padmasambhāva,* des Lotosgeborenen. Er hat den Buddhismus von Indien über Tibet nach Bhutan und in andere Himalaja-Länder gebracht.

36 • Wo immer tibetische Kultur vorherrscht, knattern Gebetsfahnen im Wind. Auf diesem Bild im Drug-yül, im «Drachenland» Bhutan.

37 • Über die Hälfte des Landes ist von urwaldähnlichen Gebirgswäldern bedeckt.

38 • Paro-Dzong im Königreich Bhutan. Wehrhaft und stattlich, sind diese mittelalterlichen Festungen zugleich Klöster und Verwaltungszentren.

39 • Novize (Ge-tsül) im Paro-Dzong. Auch in Bhutan waren bis vor wenigen Jahren die Klöster die einzigen Schulen des Landes. Noch heute ist ein sozialer Aufstieg fast ausschließlich über die Klosterhierarchie möglich.

40 • Auch im «Drachenland» nimmt die Bevölkerung regen Anteil an den großen Festen der Klöster, die das Hauptereignis sind im Jahreslauf.

41 • Ein gigantisches seidenes Rollbild (Thanka) wird hier im Paro-Dzong seit über 300 Jahren einmal im Jahr vor Sonnenaufgang entrollt, um beim ersten Sonnenstrahl wieder eingeholt zu werden. Es stellt den hochverehrten Padmasambhāva (Guru Rimpotsche) dar, der im 8. Jahrhundert, von Tibet kommend, den Buddhismus ins Drachenland brachte.

42 • Nach der Legende ist Padmasambhāva, auf einem Tiger durch die Lüfte reitend, hier gelandet. Das kleine Felsenkloster heißt denn auch «Tigerhöhle» (Tagtsang).

43 • *Blick durch den Gebirgsdschungel auf das «ferne Nordgebirge», wie es schon in der literarischen Überlieferung der alten Griechen heißt. Im geheimnisvollen Lande «hinter dem Ursprung der Winde» dachte man sich die Menschen als unendlich gut, edel und weise, oder aber man fabulierte von einbeinigen Wesen mit Hundsköpfen und Ameisen, die so groß wie Hunde sind und Gold schürfen!*

44 • *Das Jak-Rind ist auch in Bhutan in großer Höhe heimisch. Es ist gewissermaßen Vorbote aller sagenhaften Vorstellungen, die sich die Menschheit über alle Zeiten vom bis vor wenigen Jahren wohl abgeschlossensten Land machte.*

45 • Mit den allgegenwärtigen krächzenden Krähen und pfeifenden Bergdohlen fliegen wir in Gedanken über den Himalaja, den «Wohnort des Schnees», hinweg auf das «Dach der Welt».

Das geheimnisvolle Land jenseits des «fernen Nordgebirges»

Schon in der literarischen Überlieferung der alten Griechen wird über die Menschen jenseits des «fernen Nordgebirges» gerätselt. Und in der Tat: Tibet war über alle Zeiten das unbekannteste und unzugänglichste Land unserer Erde. Kein Wunder, daß es die Phantasie der Menschen oft zu abenteuerlichen Vorstellungen beflügelte!

Als höchste und ausgedehnteste Hochebene unseres Planeten ist Tibet von Süden her durch das gewaltige Himalaja-Massiv vom indischen Subkontinent abgeriegelt. Im Westen bildet der Karakorum ein Bollwerk gegen Eindringlinge, im Norden liegen die *Taklamakan*-Wüste (ein Ausläufer der Gobi) und das *Kunlun*-Gebirge schützend vor dem Land. Im Nordosten und Osten machten die gefürchteten *Tsäïdam*-Sümpfe und die durch den Oberlauf der Ströme *Yangtse, Mekong, Salween* und *Brahmaputra* gebildeten Schluchten und zerklüfteten Gebirgsmassive eine Reise ins tibetische Hochland zur ungeheuerlichen Strapaze. Diese spektakuläre Lage, gepaart mit dem unbeugsamen Isolationswillen des Volkes und seiner Regierung, ließ eine einmalige Kultur entstehen, die anderswo keine Chance gehabt hätte.

Zu allen Zeiten fand dennoch über die zwischen 5000 und 6000 Meter hohen Pässe ein wirtschaftlicher und kultureller Austausch statt. Indien, Nepal und China waren die Partner. So fand auch die Lehre Buddhas vor über tausend Jahren den Weg aufs Dach der Welt, eine Lehre, die das Bewußtsein dieser unbändigen, wilden Volksstämme verändert hat. Der Aufenthalt im Lande selbst aber ist außer einigen unentwegten Missionaren und Forschern (letztere z. T. als Mönche verkleidet) über Jahrhunderte hinweg kaum jemandem gelungen; und auch diese wenigen Aufenthalte waren meist sehr kurz bemessen.

Das zu allen Zeiten umrätselte, mystifizierte *Schangri-La* (glückliches Land), hat es für uns Menschen im 20. Jahrhundert eine Botschaft bewahrt? Was ist Legende, was Wahrheit? Die Türe steht heute offen, treten wir ein.

46 • Der Flug von Chengdu – letzte Grenzstation in China – nach Lhasa dauert über zwei Stunden. Es gibt den Blick frei auf die gewaltigen Gebirgsmassive von Kham.

Zentral-Tibet, Provinz Ü

«Dieser Mittelpunkt des Himmels,
dieses Innerste der Erde,
dieses Herz der Welt,
rings mit Schnee umzäunt.»

(Anonym, ca. 8. Jh.)

Der Flug von Chengdu nach Lhasa

Endlich ist es soweit. Wir fliegen dem geheimnisvollen und sagenhaften Land entgegen. Die Bewohner selbst nennen es *Bö-Yül.* Unbekannte und wohl oft auch unbenannte Bergriesen ziehen majestätisch am Fenster vorbei. Dazwischen abgrundtiefe Täler. Unsere ältere Turboprop-Maschine russischer Bauart fliegt kaum höher als 6000 Meter. Oft ragen die Gipfel mit ihrem ewigen Schnee und Eis in unseren Luftraum hinein; aber das Wetter ist klar, und der Pilot fliegt nach Sicht.

In Chengdu, der Provinz Szechuan, sind wir gestartet und fliegen nun westwärts dem bislang unzugänglichsten Ort unserer Erde entgegen. Unter uns liegt die tibetische Provinz Kham, und Khampa nennen sich die hochgewachsenen, stolzen und kämpferischen Bewohner dieses Gebirgslandes.

Hier unten muß auch die Straße durchführen, welche von den Chinesen anfangs der fünfziger Jahre gebaut wurde und die ihnen erst ermöglichte, Tibet mit Waffengewalt ans «Mutterland» zu ketten. Vordem konnte dieser klassische Handelsweg zwischen Tibet und China nur in monatelangen Trecks von Säumern mit ihren Karawanen überwunden werden. Noch heute brauchen die Militärkonvois, je nach Wetter und Straßenzustand, zehn bis sechzehn Tage, um ihre Armeelager in Tibets Hauptstadt zu erreichen. Von zehn Kanistern Treibstoff, die sie auf die Hochebene bringen sollen, müssen sie, um ihr Ziel zu erreichen, neun in ihre eigenen Tanks leeren.

Wir werden die Flugpiste vor Lhasa in zweieinhalb Stunden erreichen; die Zeit hat Tibet eingeholt. – Oder werden wir von den Gottheiten in den ewigen Schneegipfeln über diesen Gedanken belächelt?

Das Klima Tibets

Der poetische Ausdruck «Schneeland» für Tibet gilt im Grunde nur für die die Hochebene umrandenden Gebirgsmassive. Die Hochebene selbst gleicht vielmehr einer Gebirgswüste, wie wir sie in Ladakh schon kennengelernt haben.
Der indische Sommermonsun wird durch das Himalaja-Massiv zurückgehalten. Im Westen blockiert der Karakorum die feuchten Luftmassen, und im Norden wehen die Wüstenwinde trocken und heiß aus dem Tarim-Becken gegen das Hochland. Einzig im Nordosten dringt aus China Feuchtigkeit ein und ermöglicht den Nomaden in Amdo mit ihren Jak-Herden durch das Land zu ziehen. Auch im Winter fällt kaum Schnee. So bleiben die bis zu 6000 Meter hohen Paßübergänge das ganze Jahr befahrbar.
Eine bekannte Plage sind die häufigen Sandstürme, die durch alle Ritzen dringen und gegen die man sich nur schlecht schützen kann; kurze, heftige Gewitter mit Hagelschlag gehören ebenfalls zu den Unbilden der Witterung. Da der Boden durch keine Vegetation zusammengehalten wird, werden bei solchen Unwettern die Fahrstraßen innerhalb weniger Minuten unpassierbar.
Lhasa liegt auf demselben Breitengrad wie Kairo! Ungewöhnlich intensiv ist in dieser Höhe und südlichen Lage denn auch die Sonneneinstrahlung. Neueste klimatologische Untersuchungen haben ergeben, daß auf der Hochebene Tibets, die im Durchschnitt 4800 Meter ü. M. liegt, pro Quadratmeter Bodenfläche bis zu 1200 Watt Sonnenenergie einstrahlen. Es wird vermutet, daß unsere periodisch wiederkehrenden Eiszeiten mit diesem Phänomen in Verbindung stehen.

47 • *Blick ins Tal des Tsangpo, dem späteren Brahmaputra, aus 6000 Meter ü. M. Im Süden stauen sich die feuchten Luftmassen Indiens, wo sie sich auf ihrem Weg über die höchste Gebirgskette der Welt ausregnen und ausschneien. Sie erreichen Tibet nur noch als trockene Winde.*

«See der oberen Weideplätze»: der türkisfarbene See ist «16 Tage groß»

Wie ein Kleinod fügt sich der türkisblaue See von Yardrog in die Landschaft. Licht und Schatten spielen mit dem Braun der Hochgebirgswüste, und die umliegenden Berge scheinen wie mit Puderzucker bestäubt. Über die Mittagszeit wird dieser Schnee durch die große Sonneneinstrahlung verdampfen, noch ehe er zu Wasser geschmolzen ist.

Ich frage meinen tibetischen Begleiter nach der Größe des Sees. Seine Antwort nach einiger Überlegung: «Etwa 16 Tage, schätze ich.» «16 Tage», erwidere ich, «wie muß ich das verstehen?»

«16 Tagreisen zu Pferd», ergänzt er seine Auskunft, «mit dem Jak müßte man mehr als die doppelte Zeit aufwenden.»

Nun verstehe ich. «Pferdetage» oder «Jak-Tage» werden in Tibet als Distanzangaben verwendet. Wollte man diesen großen See mit einem Pferd umreiten, dauerte das 16 Tage.

Auch ohne mit dieser Maßeinheit vertraut zu sein, wird mir sofort klar, daß dieser See sehr viel größer sein muß als das Stück, das wir vom 5200 Meter hohen Karo-la-Paß überblicken können.

So läßt sich auch erklären, daß ältere, im Schweizer Exil lebende Tibeter gelegentlich nicht mehr wissen, wo auf dieser Welt sie sich befinden. Wie weit man in zehn oder gar hundert «Pferdetagen» kommen kann, liegt durchaus im Bereich ihrer Vorstellungskraft. Zehn «Stunden» aber im schallschnellen Jet? Das ist eine gute Tagesreise – wieso soll dann ihr Heimatland so weit entfernt sein?

48 • Der türkisfarbene Yardrog-Yu-Tso liegt auf 4200 Meter ü. M. eingebettet in eine faszinierende Wüstenlandschaft.

Der Jak ist die Lebensgrundlage der Tibeter

Der *Jak,* zu deutsch «Grunzochse», ist eine Untergattung des Auerochsen. Wenn auch spärlich, findet man ihn noch als Wild-Jak auf der völlig unwirtlichen Hochebene *Dschang-Thang,* die zwischen 5000 und 6000 Meter hoch liegt. Mit seinem gewaltigen Haarkleid und seinem typischen «Pferdeschwanz» ist er ungewöhnlich widerstandsfähig und zudem sehr genügsam. Es wird vermutet, daß ihn die Bergvölker schon vor über 2000 Jahren domestiziert haben. Der Bulle wird von den Tibetern «Jak», das weibliche Tier *Dri* genannt. Wenn ein Fremder von «Jak-Milch» spricht, wird das von den Einheimischen mit einem nachsichtigen Lächeln taktvoll überhört.

Neben Tsampa, dem gerösteten Gerstenmehl, bilden die Milchprodukte, insbesondere die aus der fetten Dri-Milch gewonnene Butter, die eigentliche Ernährungsgrundlage der Tibeter. Das Fleisch gilt als besondere Festtagsspeise und wird in luftgetrockneter Form gerne auf die langen Trecks mitgenommen. Das unentbehrliche Schuhwerk ist aus den gegerbten Häuten gefertigt; und aus den langen Haaren der Jak-Schwänze weben die Nomaden ihre Zelte, die so widerstandsfähig sind, daß sie vom Vater auf den Sohn vererbt werden können. Aus den etwas kürzeren Bauchhaaren werden die *Tschupa,* die mantelartigen Überwürfe, gewebt und genäht. Der Jak trägt Lasten bis zu hundert Kilo über Schnee und Gletscherfirn. Die seßhaften Bauern nehmen diese recht unbändigen Tiere auch unter das Joch und spannen sie vor den Pflug. Zu guter Letzt wird der Dung, meist durch die Kinder, sorgfältig eingesammelt. Da in diesen Bergregionen Brennholz fast überall fehlt, ist der getrocknete Jak-Fladen dafür unentbehrlicher Ersatz. Ein Leben in Tibet ist ohne Jak nicht denkbar.

49 • *Bauer beim Bestellen des Ackers mit einem Jak-Gespann. Wegen der kurzen Vegetationszeit darf der Boden nicht umgebrochen, sondern nur geritzt werden.*

Wie der Buddhismus auf das Dach der Welt kam

Tibets Vergangenheit erscheint als eine untrennbare Einheit zwischen Legende, Geschichte und Religion. Nach der Legende sind in grauer Vorzeit die ersten mythischen Könige an einem Band vom Himmel herabgestiegen, dank dem sie nach dem Tode den Weg in die himmlische Heimat wieder zurückfanden. Später soll das Band von einem mißgünstigen Minister durchschnitten worden sein, so daß aus den «grablosen» fortan irdische Könige wurden.

Erst mit dem im 7. Jahrhundert lebenden König *Songtsen-Gampo* (569–649), der mächtig genug war, im Jahre 635 eine chinesische Prinzessin zur Gemahlin zu fordern, fängt das an, was wir Geschichte nennen. Da er gleichzeitig eine Schrift einführte, begann Tibet auch in unserem Sinne historische Spuren zu hinterlassen. Seine chinesische Braut *Wen-tsch'ing* brachte eine kolossale goldene Buddhafigur als Mitgift auf das unwirtliche «Dach der Welt». Dieses Bildnis, das ikonographisch Prinz Siddhārta Gautama in seinem 12. Lebensjahr darstellt, steht noch heute in der *Dschokhang-Halle* des *Tsuglhakhang,* der großen «Kathedrale» der heiligen Stadt Lhasa. Über alle Jahrhunderte war es die am meisten verehrte Ikone im ganzen Himalaja-Gebiet. Auf einer felsigen Anhöhe, nicht weit von diesem Heiligtum, dort wo heute der erhabene Potala steht, baute Songtsen-Gampo einen ersten Palast und verwandelte den Ort «Ra-Sa» (Ziegenboden) in die Hauptstadt «Lha-Sa» (Götterboden). Der Handel und der kulturelle Austausch mit Nepal, Indien und China begannen zu blühen. Der Buddhismus war jedoch anfänglich mehr eine Hofreligion. Im Volk herrschte eine schamanistisch-magische Naturreligion vor, die wir heute unter dem Begriff «Bön» zusammenfassen.

Im darauffolgenden 8. Jahrhundert war Tibet zu einer Großmacht erstarkt. Tibetische Truppen drangen bis weit in das Ganges-Delta vor, eroberten für kurze Zeit gar die damalige chinesische Hauptstadt Chang'an und belagerten das im heutigen Rußland liegende Samarkand. Zusammen mit dem Gelehrten *Śāntarakshita* («aufrechtgehaltener innerer Frieden») begann der große indische Magier *Padmasambhāva* («Aus dem Lotos geboren») damit, das erste buddhistische Kloster in Tibet, *Samyè,* zu bauen. Es schien, als ob der Buddhismus unter dem König *Trisong Dëutsen* (755–797) den Sieg über den alten Bön-Glauben erringen würde.

Aber der Traum vom Tibetischen Großreich und die Hoffnung, der Buddhismus werde sich von nun an ungehindert ausbreiten können, fand zur Mitte des 9. Jahrhunderts sein Ende, als Trisong-Dëutsens Enkel, *Repatschen,* von seinem Bruder, dem Prinzen *Langdarma,* ermordet wurde. Dieser war ein eingeschworener Anhänger der Bön-Religion und verfolgte alle zum Buddhismus Übergetretenen gnadenlos und grausam. *Langdarma* wiederum wurde von einem als Bön-Tänzer verkleideten buddhistischen Eremiten mit einem Pfeil erschossen. In der Folge versank Tibet für zwei Jahrhunderte im Dunkel der Geschichte. Das Reich zerfiel in kleine rivalisierende Fürstentümer. Der Buddhismus schien endgültig ausgerottet.

Ein erstes neues Licht in die erloschene Geistigkeit Tibets brachte im 11. Jahrhundert ein großer indischer Weiser namens *Atīśa* (982–1054). Er stand am Anfang einer Lehrtradition, die nach der Reformation Ende des 14. Jahrhunderts in die einflußreiche Schule der «Gelbmützen» mündete, der die Dalai-Lamas angehörten. Aber auch die auf den Impulsen Padmasambhāvas gründenden Schulen der «Rotmützen» formierten sich allmählich wieder. So bekamen nicht nur die Nyingmapa-Schulen, also die alte Lehrrichtung, neuen Auftrieb; im ganzen Reich wurden in neu gegründeten Klöstern Grundsteine gelegt für die verschiedenen Untergruppen der Kagyüpa und der Śākyapa, die zweihundert Jahre später politisch sehr einflußreich werden sollten.

Der Überblick über die Geschichte Tibets bis zur Reformation wäre unvollständig, würde nicht der Name des asketischen Einsiedlers *Milarepa* («Baumwollgekleidet») genannt (1040–1123). Er war ein großer Weiser und begnadeter Dichter und soll 100000 Verse verfaßt haben. Da er als Laie keinem Mönchsorden zugehörte, leistete er sich, den im Anfang des 12. Jahrhunderts beginnenden Zerfall von Sitte und Moral in manchen Klöstern mit beißendem Spott zu geißeln. Einmal schrieb der «Baumwollgekleidete» an zügellose Mönche: «Euer Bauch platzt vor Stolz und Selbstüberschätzung, ihr rülpst Eitelkeit aus Euch heraus und erbrecht Eifersucht!» Wenn auch die Mahnrufe des Einsiedlers nicht ungehört verhallten, so gelang es doch erst zweihundert Jahre später dem «Mann aus dem Zwiebeltal», wie *Tsongkhapa,* der große Reformator, mit Spitznamen hieß, den moralischen Zerfall der Klöster aufzuhalten. Er schuf den Orden der «Tugendhaften» und gründete zwischen 1409 und 1419 um Lhasa herum die drei großen Staatsklöster: *Ganden,* «Das Freuderfüllte», *Drepung,* «Reishaufen», und *Sera,* «Wilder Rosenhag».
Erleichtert wurde die Reformation durch die fortgeschrittene Druckkunst und die Tatsache, daß mittlerweile die gesamten buddhistischen Schriften ins Tibetische übersetzt waren. Das war kulturhistorisch eine geradezu gigantische Leistung. Der *Kandschur,* die Übersetzungen der Worte Buddhas, umfaßt 108 Bände, und der *Tendschur,* die späteren Kommentare, 225 schwergewichtige Folianten. Um die gesamten Heiligen Schriften eines Klosters zu transportieren, hätte man – so sagen die Tibeter – eine Karawane von 30 Jaks benötigt.
Im 13. Jahrhundert bahnte sich zwischen den mächtigen Großlamas der *Śākya*-Klöster und den Herrschern des Mongolenreichs eine Entwicklung von größter Tragweite an. Noch heute leiten die Chinesen ihren Machtanspruch an Tibet aus dieser politischen Entwicklung ab.
Der mächtige mongolische Prinz *Godan,* Sohn des *Ugedai* und ein Enkel *Tschingis Chan,* lud den Großlama von Śākya höflich, aber unmißverständlich zu einem Staatsbesuch ein. Dem Unausweichlichen Folge leistend, sandte er vorerst als Unterpfand seinen erst zehnjährigen Neffen *Pagpa Lodrö Gyalt-sen* voraus und nahm sich selbst für diese Reise zum Kukunor-See über zwei Jahre Zeit. Bis zum Eintreffen des Oheims hatte jedoch der kleine Lama durch seinen Liebreiz und durch seine außergewöhnliche frühkindliche Klugheit die Herzen seiner Umgebung soweit erobert, daß der halbe Hofstaat bereits dem friedfertigen Buddhismus zugeneigt war. In der Folge entwickelte sich ein eigentliches «Kaiser-Papst»-Verhältnis zwischen *Śākya Paṇḍita* und dem mächtigen Prinz Gōdan. Die Mongolen durften sich fortan als Herrscher über Tibet betrachten, während die Tibeter die geistliche Schutzmacht darstellten. Der kleine Pagpa kam später am Hofe der Mongolenfürsten zu Ruhm und Ehre und wurde zum Vizekönig über Tibet ausgerufen, während das Kloster Śākya zum kirchlichen und weltlichen Zentrum Tibets aufstieg.

50 • Blick auf den atemberaubenden «Potala». Ist es ein Palast? eine Festung? ein Kloster? Er wurde im 17. Jahrhundert vom «Großen Fünften» erbaut und war seitdem ununterbrochen Sitz der tibetischen Gottkönige, der Dalai-Lamas – bis 1959. Ohne Zweifel gehört dieses monumentale Gebäude zu den gewaltigsten und erhabensten Bauwerken unserer Erde.

51 • Während der Potala heute ein Museum ist, wacht in anderen Klöstern das religiöse Leben in bescheidenem Rahmen wieder auf. Aber es fehlen in Tibet die gelehrten hohen Lamas, die eigentlichen eingeweihten Meister, ohne welche auf die Dauer keine Religion zu überleben vermag. Sie wurden während der Kulturrevolution verschleppt, getötet – oder sie sind nach Indien geflohen. Von dort haben einige den Weg zu uns in den Westen gefunden, wo sie nun als geistige Lehrer tätig sind.

Die Tradition der Dalai-Lamas

So kam es auch, daß 1578 der Großlama *Sonam Gyatso* vom Mongolenherrscher *Altan Chan* den Ehrentitel «Dalai-Lama» erhielt. «Dalai» ist mongolisch und heißt soviel wie «Weltmeer», wogegen «Lama» tibetisch ist und soviel wie «Oberer» bedeutet. Er gilt als der dritte Dalai-Lama in der Geschichte; zwei seiner Vorgänger wurden postum zum ersten und zweiten Dalai-Lama erklärt. Damit entstand mit Sonam Gyatso eine einzigartige Tradition. Der Titel «Dalai-Lama» kann weder vererbt – die Gelugpa-Mönche leben in strengem Zölibat – noch kann er verliehen werden. Vielmehr gründet diese neue Überlieferung auf der für jeden Buddhisten selbstverständlichen Annahme, daß sich der Mensch nach seinem Tode eine neue irdische Existenz sucht. In der Tradition der Dalai-Lamas geht es fortan darum, den Träger dieses höchsten Titels nach dem Ablegen seines alten Körpers in seiner neuen Inkarnation als Kleinkind wiederzufinden.

Es würde den Rahmen dieses kurzen Überblicks über die Geschichte Tibets sprengen, wollten wir hier auf die wechselvollen Schicksale der 14 Gottkönige im einzelnen eingehen. Erwähnt sei hier nur *Lobsang Gyatso,* der als der «Große Fünfte» in die Geschichte einging. Er lebte von 1617 bis 1682 und war der Erbauer des grandiosen Potala-Palastes, so wie er heute noch zu sehen ist. Er war es auch, der mit seinem Lehrer *Lobsang Tschöggi Gyeltsen* die zweite große Inkarnationslinie begründete, die der *Pantschen-Lamas.*

Vom heute im indischen Exil lebenden *Tenzin Gyatso,* dem 14. Dalai-Lama, wird selbstverständlich noch ausführlicher die Rede sein.

52 • Blick auf den Potala-Palast vom Dach des berühmtesten Tempels Tibets, des «Dschokhang», aus. Letzterer ist Teil des «Tsuglhakang»-Gebäudekomplexes, welcher von den Gläubigen auf dem berühmten «Barkhor» tausendfach und ununterbrochen im Uhrzeigersinn umwandelt wird.

53 • «Dschobo Rimpotsche» ist die am meisten verehrte Ikone im ganzen Himalaja-Gebiet. Diese heute unter ihrem überreichen Schmuck fast ertrinkenden Statue wurde im 7. Jahrhundert von der chinesischen Prinzessin «Wentsch'ing» als Mitgift nach Lhasa gebracht.

54 • Betende Pilger vor dem Eingang des Dschokhang-Tempels, der «Kathedrale Lhasas», wie er oft genannt wird. Jeder Tibeter hat den Herzenswunsch, wenigstens einmal in seinem Leben dem Dschobo Rimpotsche, einer Buddha-Emanation, seine Verehrung zu erweisen, selbst wenn diese beschwerliche Reise Wochen, ja Monate dauern sollte.

55 • In ihrer Rechten dreht diese Pilgerin unablässig ihre Gebetsmühle und hält damit die «Lehre» in Bewegung. Sie übt sich so in einer Art Meditation, indem sie gezwungen ist, ihrer Tätigkeit einen ununterbrochenen Bewußtseinsstrom zufließen zu lassen. Durch die Finger der linken Hand läßt sie die 108 Perlen ihres Rosenkranzes gleiten und betet jedesmal dazu: «Oṁ maṇī padme hūṁ, oṁ maṇī padme hūṁ...» Auch ohne die heiligen Schriften lesen zu können, fühlt sie sich völlig in ihre Religion eingebettet.

56 • Die traditionelle Kleidung wird heute meist nur noch von älteren Leuten getragen. Eine Frau betritt den Raum, in dem eine Riesengebetsmühle steht. Sie wird mit ihrer Rechten den Handlauf fassen und die Trommel in Bewegung setzen. Der religiöse Inhalt wird damit in Bewegung gehalten, und das gilt als verdienstvoll. Ist nicht Bewegung Leben und Leben heilig?

Die «Goldenen Dächer von Lhasa»

Die großen tibetischen Klöster hatten über alle Zeiten einen geradezu mythischen Ruf wegen ihrer goldenen Dächer. Nicht die «Goldenen Dächer von Lhasa» sind es hier, sondern diejenigen des Klosters *Taschi-Lhünpo* bei Shigatse. Von ungezählten Spendern während Jahrhunderten in kleinen und kleinsten Gaben zusammengetragen, leuchtet und funkelt das Gold im Licht der Sonne und läßt die Herzen der frommen Besucher höher schlagen. Welch ein Jubel muß es sein, wenn die Pilger nach langen, entbehrungsreichen Reisen vom letzten Paß aus plötzlich dieser goldenen Pracht im Talgrund ansichtig werden!

Wir Menschen im Westen haben je länger desto mehr verlernt, uns an gemeinsamem Besitz zu erfreuen. Wir glauben, es müsse uns etwas «gehören», damit es uns glücklich macht. Und mancher Reisende im Tibet ist schockiert über den krassen Unterschied zwischen dem Reichtum der Klöster und der Armut der Bevölkerung. Wäre jedoch nicht das uns oft als gerecht erscheinende «Verteilen der Schätze unter die Bedürftigen» das genaue Gegenteil von dem, was über Jahrhunderte geschehen ist: das Zusammentragen von kleinen und kleinsten Opfergaben, um ein gemeinsames großes Werk zu schaffen? So oder so: diese Schätze gehören jedem, der sich daran erfreut.

57 • Die goldenen Dächer des Klosters Taschi-Lhünpo in Shigatse. Diese prachtvolle Klosteranlage war seit dem 17. Jahrhundert Sitz der Pantschen-Lamas, der zweithöchsten Reinkarnationslinie im Lande.

58 • Ob Gebetswimpel im Winde flattern oder Jak-Schwänze liebevoll dekoriert werden, immer sind es die symbolischen fünf Farben, die uns entgegenleuchten: Rot, Blau, Grün, Gelb – und Weiß, die «Farbe», die auf geheimnisvolle Weise alle anderen Farben in sich schließt und so ihren Ursprung bedeutet.

59 • Reiterspiele gehören zu den Vergnügungen aller asiatischen Steppenvölker. Aber Jak-Rennen sind selbst in Tibet, dem Lande der Jaks, eine Seltenheit. Hier, vor den Toren des wiedererbauten Klosters Samyê, findet ein solches spektakuläres Ereignis statt. Mit wildem Geschrei und angefeuert durch die Menge, galoppieren die verwegenen Reiter auf den ungestümen Grunzochsen dem Ziel entgegen.

60 • Wie ein Cowboy, der ein junges Pferd einreitet, kämpft der Reiter mit dem sich buckelnden Jak-Bullen.

61 • Im kalten und wasserarmen Tibet wird das Windelproblem ganz einfach gelöst.

Das Verhältnis der Tibeter zur Hygiene

Mit dem, was wir unter Körperhygiene verstehen, steht der Tibeter auf Kriegsfuß. Für unsere westlichen Begriffe starrt alles vor Dreck. Bei den herrschenden klimatischen Verhältnissen im Winter und eingedenk der unbeheizten Häuser und Zelte wäre Körperpflege in unserem Sinne auch kaum möglich. Dazu kommt, daß Seife die Haut auslaugt, in dem extrem trockenen Klima also als schädlich angesehen wird. Diese Aversion gegen das Waschen geht bei den Nomaden so weit, daß es geradezu als unziemliche Eitelkeit gilt, wenn ein junges Mädchen versuchen sollte, sein Gesicht zu waschen. Dafür schmiert man sich – im Sinne einer kosmetischen Pflege – Gesicht und Hände gerne mit meist ranziger Butter ein. Zusammen mit dem Rauch der ständig brennenden Jak-Dung-Feuer in den kaminlosen Häusern und den Körperausdünstungen bildet sich im Laufe der Jahre die einmalige und unverwechselbare «Duft»-Mischung, die jedem Tibetreisenden bestens bekannt ist.

62 • Die Tibeterkinder kennen keine Scheu vor der Kamera. Im Gegenteil. Sie posieren, wo immer sich dazu Gelegenheit bietet, in ihrem ganz natürlichen Charme.

Das Land, in dem die Kinder Könige sind

Im ganzen Gebiet des buddhistischen Himalaja werden die Kinder ernst genommen wie wohl kaum irgendwo sonst auf der Welt. Man sieht in ihnen – gestützt auf den Reinkarnationsgedanken – eine ganzheitliche menschliche Persönlichkeit, die in den ersten Jahren des Erdendaseins ganz einfach noch einen unvollkommenen Körper hat; dieser bedarf, wie ein werdendes Pflänzchen, spezieller Fürsorge. Aus diesem Verständnis heraus wurden denn auch die kleinen Gottkönige mit allergrößtem Respekt, gleichwohl aber mit großer Strenge erzogen. Der Priesterkönig *Śākya Paṇḍita,* dessen Enkel schon im frühen Kindesalter durch seinen Charme und seine Klugheit den mongolischen Hofstaat für den Buddhismus einnahm, sagte: «Ist es ein guter Rat, so sollte man auf die Worte eines Kindes hören.»

Sind es nicht oft die Kinder, die uns eine Lektion erteilen sollten und nicht wir ihnen? Mit ihrer Offenheit, Ehrlichkeit und Unmittelbarkeit können sie uns leicht in Verlegenheit bringen.

Der Philosoph *Walter Robert Corti* sagte anläßlich der Eröffnung des Tibeterhauses im Kinderdorf Pestalozzi in der Schweiz: «Die Kinder bilden das letzte noch unentdeckte Volk unserer Erde. Es besitzt keine Gesetzgebung, keinen König, kein Parlament und kein stehendes Heer. Es lebt seit Jahrtausenden vor aller Augen und wird wohl nie zum Bewußtsein seiner selbst kommen – aber auf seinen kleinen Füßen bewegt sich die Menschheit vorwärts.»

Ob sie als Nomadenkinder auf der Hochebene Tibets oder in einem Wolkenkratzer in New York aufwachsen, ob sie in einem Eskimo-Iglu auf die Welt kommen oder in einem Elendsviertel einer indischen Großstadt hausen, sie alle haben etwas gemeinsam: sie sprechen noch die Sprache des Herzens.

Betrachten wir die Geschichte der Völker. Ist sie nicht voller Arglist, Machtstreben, Neid, Vorurteilen und scheußlichster Brutalität? Das gilt für alle Nationen – Tibet nicht ausgenommen. Sind daran die Kinder schuld?

Wer macht denn aus diesem hoffnungsvollen, leuchtenden Kindervolk Chinesen und Tibeter, Mohammedaner und Hindus, Gelugpas, Kagyüpas oder Śākyapas? Bleibt so eine Hoffnung, daß sich die Menschheit eines Tages zur Menschlichkeit entscheiden könnte? Wir Erwachsenen sind es doch, die dieses Kindervolk mit unseren Ideen, Vorurteilen, Dogmen und Gesetzen so lange vergiften, bis es die Kindersprache verlernt hat, sich und andere nicht mehr versteht, sich spaltet und sich endlich bis aufs Blut bekämpft…

Gautama Buddha hat der Menschheit eine kindlich-reine, unendlich tolerante Lehre verkündet. Und auch Christus hat uns ermahnt: «Wenn ihr nicht werdet wie die Kinder, werdet ihr nicht kommen ins Himmelreich.»

Wenn es wirklich einmal ein Land gäbe, in dem die Kinder Könige wären und die Könige so reinen Herzens wie die Kinder…

63 • *Knabe vor der Mauer des Klosters Śākya. Gelegentlich glaubt man, hinter diesen ernsten, edlen Kindergesichtern uralte menschliche Seelen zu sehen.*

Ehemalige Provinz Amdo, Nordost-Tibet

64 • Der von den räuberischen Golog-Nomaden als heilig verehrte Amnyè Matschen Pomra galt über lange Zeit auch im Westen als nicht vermessener, aber möglicherweise höchster Berg der Welt. Seit 1982 weiss man es: er ist «nur» 6282 Meter hoch. Die verehrte Berggottheit Matschen Pomra wird dargestellt als wilder Reiter auf einem fahlen Pferd, das so schnell wie der Wind sein soll.

Der heilige Berg Amnyè Matschen

In der alten tibetischen Provinz *Amdo,* am nordöstlichen Ende des tibetischen Hochplateaus, liegt der von den *Golog*-Nomaden als heilig verehrte Berg *Amnyè Matschen.* Es ist die erste und zugleich höchste Erhebung des *Kun-Lun*-Gebirges, das sich der ganzen Nordgrenze des ethnischen Tibets entlangzieht und im Westen mit dem *Pamir*-Massiv endet. Die Wildbäche, die seinen Gletschern entspringen, speisen das Quellgebiet des berühmten «Gelben Flusses». Im Norden, 3200 Meter ü.M., dehnt sich der größte Steppensee der Welt aus: der *Kuku Nor* oder der «Blaue See». Ein paar hundert Kilometer nordöstlich des heiligen Berges liegt eine der bedeutendsten Klosterstätten Tibets: *Kumbum.* Sie ist erbaut an der Geburtsstätte des großen Reformators *Tsongkhapa;* unweit davon, im Dorfe *Taktser,* ist der heutige 14. Dalai-Lama zur Welt gekommen. Soviel zur geographischen Lage des Berges.

Das Amnyè-Matschen-Massiv weist drei Hauptgipfel auf, von denen der südlichste *Tschenresig* heißt; der mittlere, Amnyè Matschen, hat dem Gebirgszug den Namen verliehen, und der nördlichste und zugleich höchste ist der *Dra-dül Lung-schag.* Der namengebende mittlere Berg gilt als heilig, da von der Gottheit *Matschen Pomra* bewohnt. Bis zu 10000 Tibeter pflegten ihn jährlich zu Fuß auf einem Pilgerweg zu umwandeln.

Was der Name «Amnyè Matschen» bedeuten könnte, ist sprachlich nicht restlos geklärt. Reine Volksetymologie ist sicher die naheliegende Deutung, daß «ma-tschen» «Große Mutter» heißen könnte. Diese beiden tibetischen Silben klingen zwar wie «Mutter» und «groß», schreiben sich jedoch anders. Der Name bedeutet höchstwahrscheinlich der große «Ahn Pfau». Da «Amnyè» ein Ehrentitel ist, könnte «Amnyè Matschen» sinngemäß mit «Der ehrwürdige Pfauenberg» übersetzt werden. Übrigens trägt auch der sogenannte «Gelbe Fluß» die Silbe «Ma» (rMachu) in seinem Namen und heißt demnach «Pfauen-Wasser» oder «Pfauen-Fluß».

Noch in der Brockhaus-Enzyklopädie (1966, Wiesbaden) kann man unter dem Stichwort *Amne Matschin* folgendes nachlesen: «Heiliger Berg in der großen Schleife des oberen Hoangho im Jischi-Schan, einem Gebirgszug des Kun-Lun-Systems. Er wurde als Neuntausender bezeichnet, doch gab eine chinesische Expedition 1960 eine Höhe von 7160 Metern an.»

Dieses Verwirrspiel über die Höhe des Amnyè Matschen begann 1922; der britische General *Pereira* suchte einen Weg nach Lhasa und deutete *Joseph F. Rock,* einem amerikanischen Botaniker und Geographen, an, es könnte sich beim Amnyè Matschen um den höchsten Berg der Welt handeln. Als Pereira kurz darauf starb, fühlte sich Rock dazu berufen, dieses Geheimnis wenn immer möglich zu lüften. Unter Lebensgefahr näherte er sich dem Berg auf 50 Meilen – die wilden Golog ließen niemand in ihr Gebiet eindringen –, brachte Wasser zum Kochen, um die eigene Höhe zu bestimmen, und vermaß den Berg mit einem Theodoliten. Resultat: 9000 Meter ü. M. Rock konnte diese Entdeckung im hoch angesehenen *National Geographic* publizieren; die Redaktion reduzierte vorsichtshalber die Höhe auf «28 000 feet».

1944 machte eine Zeitungsmeldung die Runde um die Welt. Die Crew einer amerikanischen DC-3 sei vom Kurs abgekommen und hätte diesen «Neuntausender» gesehen. Die Meldung stellte sich später als Scherz heraus; wie hätte ein Propellerflugzeug aus den dreißiger Jahren so weit und vor allem so hoch fliegen sollen!

Als sich *Leonard Clark,* ein ehemaliger Offizier des amerikanischen Geheimdienstes, mit einer schwer bewaffneten Expedition durch das gefürchtete Gebiet der Golog kämpfte und sich dem Berg auf 15 Meilen nähern konnte, wurde die Spannung in Fachkreisen groß. Sein Meßresultat: 29 661 Fuß. Also doch der höchste Berg der Welt! Nachdem seine aufregende Entdeckung im berühmten *Life Magazine* veröffentlicht wurde und Clark die näheren Umstände in seinem Buch *The Marching Wind* publizierte, war die Legende perfekt.

1960 kam eine Expedition vom Amnyè Matschen zurück mit der ernüchternden Meldung, der Gipfel sei nur 23 491 Fuß hoch. Anfang der siebziger Jahre stellte sich dann heraus, daß die Expedition den falschen Gipfel bezwungen hatte! Zudem war die Messung erneut falsch.

So mußte der heilige Berg Amnyè Matschen bis 1980 zuwarten, um von einer japanischen Expedition «bezwungen» zu werden. Seine heutige Höhe: 6282 Meter ü. M.! Ob das seine wirkliche Höhe oder nur der «letzte Stand des Irrtums» ist? Den Berg selbst und seine Verehrer, die Golog, kümmert das herzlich wenig.

65 • *Ein stolzer, Respekt einflößender Häuptling der Golog-Räuber gebietet unserem Konvoi Einhalt.*

Der räuberische Nomadenstamm der Golog

Aus der Sicht der Chinesen gehört das Gebiet, in welchem die Golog wohnen, zum «Wilden Westen». Will man den Berichten von Reisenden – auch aus diesem Jahrhundert – Glauben schenken, so war dieser nomadisierende Räuberstamm tatsächlich der Schrecken aller friedlichen Nomaden und der Inbegriff alles Furchtbaren für die Reisenden. Von Frauen und Kindern begleitet, zogen sie auf Raubzüge aus bis hinauf zu den Tsaïdam-Sümpfen und benahmen sich wie die berüchtigten Horden des *Tschingis Chan.* Um Terror zu verbreiten, so wird berichtet, hätten sie die Köpfe ihrer Feinde, an den Haaren aufgeknüpft, vom Sattel baumeln lassen. Auch wenn man die Lust der Orientalen am Fabulieren und maßlosen Übertreiben berücksichtigt, bleibt noch so viel unbeschreibliche Grausamkeit, daß hier nicht näher darauf eingegangen werden soll.

Befehligt wurden diese wilden Horden von einer ebenso wilden Stammesfürstin, der legendenumwobenen *Dschigmè Dröma.* Der deutsche Forscher Ernst Schäfer berichtet 1935, sie habe 17 Ehemänner gehabt und eine Leibgarde von 7000 Kriegern, von denen sie jährlich einmal zum Amnyè Matschen für den heiligen Umritt begleitet wurde. Mythologischen Erzählungen nach soll sie jeweils nackt den Berg bestiegen haben, um auf die Gottheit zu meditieren. 1939 wurde sie von einer chinesischen Strafexpedition hingerichtet.

66 • *Dieser Golog-Nomadenstamm verfügt über 700 Jak-Rinder und beweidet eine Fläche von 700 Quadratkilometer. «Haltet die Hunde zurück!» ist gewissermaßen der aus sicherer Distanz gerufene Gruß, wenn man sich einem Nomadenzelt nähern möchte. Werden die wilden und kämpferischen Hunde dann angekettet, so kann man annehmen, daß ein Besuch willkommen ist. Andernfalls ist die Antwort eindeutig.*

67 • Die regenbogenfarbene Bordüre an der Tschupa läßt erkennen, daß diese stolze Frau dem gefürchteten Stamm der räuberischen Golog angehört. Sie hat sich und ihre kleine Tochter herausgeputzt, weil eine benachbarte Sippe einen Besuch angekündigt hat. Das silberne Amulettkästchen (Ga-u), das sie um den Hals trägt, birgt Amulette und Gebete.

68 • 108 Zöpfchen zieren den Kopf dieses Kindes, weil der «Kandschur», die Lehren Buddhas, in Tibet in 108 Bände aufgeteilt ist.

Ganz im Gegensatz zu diesen schauerlichen Geschichten lernten wir auf unserer Reise durch ihr Gebiet die guten Seiten dieser Menschen kennen. Wohl waren die uns zugeteilten Jak-Treiber und Pferdeführer auf dem Weg zum Basislager des heiligen Berges äußerst wortkarg und mürrisch; sie schienen diese Dienste als «Fremdenführer» weit unter ihrer Würde zu halten. Als wir aber dann nach vielen vergeblichen Versuchen doch noch in einem Nomadenzelt Einlaß erhielten, bekamen wir zu spüren, was es heißt, in einem Nomadenzelt als Gast empfangen zu werden. Es wurde uns Buttertee und Tsampa offeriert, und da sich unser chinesischer Begleiter nicht traute, das Zelt zu betreten, wurde uns sogar mit großem Stolz der Hausaltar geöffnet. Im Herbst 1983 war das noch eine riskante Sache. Ja ich wagte sogar, im Zeltinnern mit einer kleinen Taschenkamera einige Aufnahmen zu machen, wobei ich gestehen muß, daß mir das «Herz im Hals pochte», als ich auf den kleinen Stammhalter im Schafpelzhaufen zielte und mit Blitz abdrückte.
Beim Abschied wurden wir vom Herrn des Zeltes ein Stück Weges begleitet. Als wir ihm zum Dank ein Geschenk überreichen wollten – eine Schweizer Uhr –, wurde dies mit unglaublichem Stolz abgelehnt: Gastfreundschaft ist heilig und duldet kein Entgelt.

69 • Scheu betreten diese beiden Hirtenmädchen das Zelt, ist es doch das erste Mal, daß «weiße Langnasen» bei ihnen zu Gast sind.

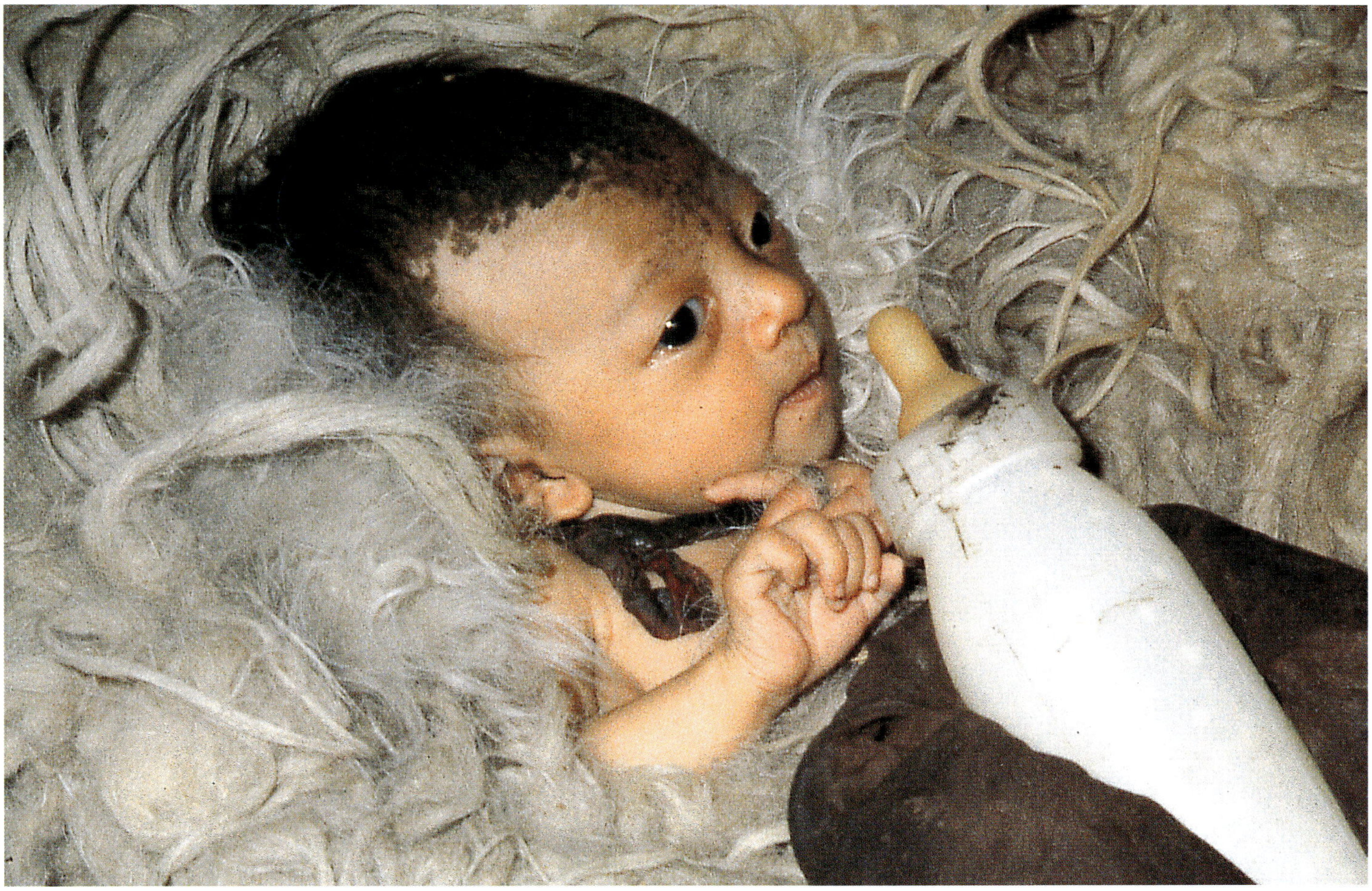

70 • *In der hintersten Ecke des Zeltes, aus einem Berg von Schaffellen heraus, blitzen die schwarzen Augen des künftigen Räuberhäuptlings.*

Das Leiden eines Volkes
Flucht und Exil

71 • *«Zerstört das Alte, schafft das Neue!», das war der unglückselige Schlachtruf der «Roten Garden», die während der chinesischen Kulturrevolution in Tibet wüteten und brandschatzten. Tausende von Klosteranlagen wurden, wie hier das Staatskloster Ganden, bis auf die Grundmauern zerstört. Einige der Gebäude, darunter das weinrote Mausoleum des Reformators «Tsongkhapa», sind in den vergangenen Jahren wieder aufgebaut worden.*

72 • *«Das Feuer hüten, nicht Asche bewahren.» Nur mit dieser Maxime wird die tibetische Hochkultur und Hochreligion im Exil überleben können.*

Die zerstörte Klosterstadt Ganden als Mahnmal der Schande

Dieses Bild der ehemals prachtvollen Klosterstadt «Ganden» – heute ein Ruinenfeld mit einigen in der Zwischenzeit restaurierten Gebäuden – soll stellvertretend dastehen für die Schreckenszeit der chinesischen «Kulturrevolution», die zwischen 1965 und 1975 über das Hochland hinwegtobte. Ein Schandmal menschlicher Unvernunft. In tiefer Betroffenheit sollten wir erkennen, welch unsägliches Leid der Mensch dem Mitmenschen zufügt, wenn er aus größter Verblendung und aus tiefstem «Unwissen» heraus sich von «Begierde» und «Haß» leiten läßt.

Die Zerstörung von Tausenden von Klöstern und Kultstätten in Tibet ist endgültig und kann nie wieder gutgemacht werden. Das chinesische Volk, das sich ja selbst einer mehrtausendjährigen Hochkultur rühmt, hat damit eine Schuld auf sich geladen, die durch keine noch so liberalen Reformprogramme oder gar den teilweisen Wiederaufbau von Klöstern und Tempeln getilgt werden kann. «Zerstört das Alte, schafft das Neue!» war der Schlachtruf dieser verführten, meist jugendlichen Menschen, die sich den paramilitärischen «Roten Garden» angeschlossen hatten. Wer aber übernimmt heute noch die Verantwortung für diese Verführung?

«Tradition heißt: das Feuer hüten und nicht Asche bewahren», besagt ein alter Studentenspruch. Die tibetischen Klöster liegen in Schutt und Asche, aber der Geist ist ungebrochen.

73 • Der Sommerpalast des Dalai-Lama Norbulinka, «Edelsteingarten». Am 17. März 1959 hielt es das geistliche und weltliche Oberhaupt der Tibeter, Tensin Gyatso, der 14. Dalai-Lama, für angezeigt, von der Sommerresidenz aus sein Land zu verlassen. Mit ihm flohen anschließend gegen hunderttausend Tibeter nach Indien. Und nun hüten sie das «Feuer» im Exil, und die Lehre hat den «rotwangigen» Mann erreicht (Padmasambhāva).

Die Weissagung Padmasambhāvas erfüllt sich

Die Vision des großen tantrischen Meisters *Padmasambhāva* (vgl. S. 6), nach der «der Mann aus dem Schneeland» sein Land verlassen muß, «wenn der Eisenvogel fliegt und die Pferde auf Rädern rollen», begann anfangs der fünfziger Jahre geschichtliche Wirklichkeit zu werden. Nach der gewaltlosen Befreiung des indischen Subkontinents von der britischen Kolonialmacht durch Mahatma Gandhi entstand im Gebiet zwischen China, Rußland und Indien eine Art Machtvakuum. So nutzten die Truppen Mao Zedongs, die kurz zuvor in China die Macht übernommen hatten, die Gunst der Stunde und marschierten in Tibet ein. Ihr Interesse galt der strategisch bedeutsamen Lage Tibets und dessen vermuteten unermeßlichen Bodenschätzen. Gegenüber der Weltöffentlichkeit und dem eigenen Volk wurde diese Besetzung des Landes als «Kampf gegen Feudalherrschaft und Sklaverei» gerechtfertigt.

Auch wenn der *Vertrag von Simla,* welcher den Grenzverlauf zwischen Tibet und den Nachbarstaaten hätte festlegen sollen, im Jahre 1912 von den Chinesen nicht rechtsgültig mitunterzeichnet worden ist, ist doch unbestritten, daß Tibet anfangs des Jahrhunderts den Sturz der letzten chinesischen Kaiserdynastie dazu benützt hat, sich noch unter der Regentschaft des 13. Dalai-Lama von der Bevormundung seines großen Nachbarn zu befreien und de facto die volle Unabhängigkeit auszurufen.

Kurz nach dem Einmarsch der ersten Truppen in Lhasa wurde 1951 dem erst fünfzehnjährigen 14. Dalai-Lama die volle Staatsgewalt übertragen, die während seiner Kindheit in den Händen zweier Regenten, des Reting Rimpotsche und des Tagdra Rimpotsche, gelegen hatte. Die ersten Jahre des jungen Gottkönigs waren von seinem Willen geprägt, Reformen durchzuführen und auf diplomatischem Wege eine friedliche Lösung mit Peking zu suchen. Es wurde ein «17-Punkte-Vertrag» ausgearbeitet, in dem China garantierte, daß die Tibeter unter seiner Oberhoheit kulturell und religiös unabhängig leben könnten. Aber der politische Himmel verdüsterte sich zusehends. Nicht nur wurden die Versprechungen des Vertrages von den Chinesen mit Füßen getreten, auch die Weltöffentlichkeit nahm die sich anbahnende Tragödie Tibets nicht wahr – oder wollte es aus politischem Kalkül nicht tun.

Am 10. März 1959 öffneten sich die Schleusen des aufgestauten Hasses und der Wut gegen die ungeliebten «Befreier», und ein unsäglich leidvolles Kapitel der tibetischen Geschichte nahm seinen Anfang. Der Funke, der das Pulverfaß zur Explosion brachte, war eine Einladung der chinesischen Militärbehörde an den jungen Gottkönig. Er sollte an einer Theateraufführung in Lhasa teilnehmen und dazu ohne jede persönliche Begleitung erscheinen...

So jedenfalls ging das Gerücht in der Bevölkerung um, und um sein Leben bangend, bildeten die Einwohner von Lhasa einen Menschengürtel um den Sommerpalast, in welchem sich Seine Heiligkeit gerade aufhielt. Sie wollten ihn schützen und gleichzeitig eine unvorsichtige Annahme der Einladung verhindern. Als weitere Aufrufe, Tenzin Gyatso möge der Aufforderung Folge leisten, nicht fruchteten, begann das Militär den Palast mit Artilleriefeuer zu belegen. Aber nichts geschah: der 14. Dalai-Lama hatte mit einem kleinen Gefolge nachts seine Residenz verlassen und war bereits auf dem Weg in den Süden. Vorerst gedachte er, in Südtibet die weitere Entwicklung abzuwarten, wie er es schon 1951 getan hatte. Aber chinesische Luftangriffe und Verfolgungskommandos zwangen ihn, auf einem langen und entbehrungsreichen Marsch die Grenze nach Indien zu überschreiten. Anläßlich dieses blutigen Aufstandes wurden nach tibetischen Angaben 200000 Menschen getötet; 80000 flüchteten in die angrenzenden Staaten Nordindien, Nepal, Sikkim und Bhutan, und eine Gruppe von tausend Flüchtlingen wurde in die Schweiz eingeladen.

74 • Morgenandacht am Ganges bei Sārnāth in Indien. Vor 2500 Jahren hat Buddha hier die Lehre begründet.

75 • Seine Heiligkeit, der 14. Dalai-Lama, betet in Dharamsala, seiner indischen Exilresidenz, für das Wohlergehen seiner Landsleute und für den Frieden in der Welt.

76 • *Nach ihren gelben Zeremonialmützen werden die Mönche der reformierten Lehrtradition – der auch der Dalai-Lama angehört – «Gelbmützen» (Gelugpas) genannt.*

77 • *Alle Mönche der verschiedenen Sekten oder Schulen innerhalb des Lamaismus (Vajrayāna) tragen tiefrote Mönchsroben.*

78 • *Liebe, Andacht und tiefe Verehrung spricht aus den Zügen der Gläubigen. Die Gegenwart ihres «Yeshe Norbu» (unschätzbares Juwel), wie sie den Dalai-Lama nennen, ist für sie ein nicht zu ermessendes Glück.*

Die tibetische Kultur im Exil

Im 11. und 12. Jahrhundert überfielen von Afghanistan her muslimische Eindringlinge den Norden Indiens und zerstörten die buddhistischen Klöster und Universitäten fast vollständig. Viele der Mönche wurden getötet und verjagt, andere flüchteten in die Berge des Nordens. Tibet wurde der Zufluchtsort des indischen Buddhismus. Nach der Besetzung Tibets durch die Chinesen im Jahre 1950 und den durch die Rotgardisten verübten Greueln wiederholte sich die Tragödie auf ähnliche Weise. So wurde, nach fast tausend Jahren, Indien wiederum der Zufluchtsort des Buddhismus, diesmal in seiner tibetischen Ausprägung.

In Indien nun lebt die monastische Kultur Tibets weiter. Im Verlaufe der vergangenen dreißig Jahre wurden in allen Teilen des Landes Klöster und Klosterschulen aller Lehrtraditionen aufgebaut, es dürften heute insgesamt über fünfzig sein. Auch die drei großen Staatsklöster wurden im indischen Exil wieder errichtet. «Ganden» und «Drepung» bei Mundgod (Nord-Karnataka) und die berühmte Kloster-Universität «Sera» in Bylakuppe, östlich von Mysore.

Die Exilresidenz des Dalai-Lama befindet sich am Südfuß des Himalaja-Massives in McLeod Ganj oberhalb des Ortes Dharamsala im indischen Bundesstaat Himachal Pradesh. Von dort aus betreut Seine Heiligkeit seine Landsleute in Indien und der übrigen Welt. Etwa hunderttausend Tibeter leben heute in Indien und im Königreich Nepal, über zweitausend haben in der Schweiz eine neue Heimat gefunden, und etwa gleichviel sind im Laufe der Jahre in andere Länder Europas, in die Vereinigten Staaten und nach Kanada ausgewandert.

79 • Die Lehre beginnt den «rotwangigen Mann» zu erreichen, wie Padmasambhāva im 8. Jahrhundert vorausgesagt hatte. Hier ein weißer Knabe in roter Mönchsrobe, der eine Butterlampe entzündet.

80 • *Ein Tibeter Landsmann «hütet das Feuer» im Kloster in Rikon, Schweiz.*

Mit den landesflüchtigen Tibetern ist in der Folge auch der Buddhismus machtvoll in die westlichen Länder vorgedrungen. Es würde den Rahmen dieser Publikation sprengen, in einer Kurzfassung der Frage nachzugehen, weshalb es fast zweitausend Jahre gedauert hat, bis der christlich orientierte Westen vom toleranten, friedliebenden, von der Nächstenliebe geprägten Buddhismus Kenntnis genommen hat. War es vielleicht das Glaubensbekenntnis des Islam, das sich wie ein Riegel zwischen die christliche und buddhistische Kultur geschoben hatte? Das «Feindbild», welches das Christentum gegenüber dem Islam als einer direkt konkurrierenden Religion aufgebaut hat, wurde möglicherweise unbewußt auf alle «dahinterliegenden» Religionen übertragen, denen Menschen angehören, die nicht getauft und deshalb «Heiden» sind.

Nun ist der Buddhismus doch in unser erstarrtes religiöses Denken eingedrungen. Der Westen ist bereit, wahrzunehmen, daß die buddhistische Erkenntnislehre kein eigentlicher Widerspruch zu irgendeinem Glaubensbekenntnis ist. Erkenntnis ist keine Frage des Glaubens, sie ist unmittelbare Einsicht.

Trennendes läßt sich immer und überall finden. Suchen wir hier das Verbindende! Letztlich gibt es nur eine einzige Wahrheit.

Die tibetischen Flüchtlinge sind nicht mit leeren Händen gekommen

Die tibetischen Flüchtlinge haben auf ihrem unfreiwilligen Exodus die Werte einer in mittelalterlicher Form erhaltenen Hochkultur und Hochreligion als Gastgeschenk mitgebracht. Vor allem die tibetische Ausprägung des Buddhismus ist in unseren westlichen Ländern bei Fachleuten und Laien auf großes Interesse gestoßen. Unter den hunderttausend Flüchtlingen befanden sich auch eine ganze Reihe hochgelehrter Lamas, die heute in Europa und Amerika ihre teilweise über tausend Jahre alten geheimen und verschlüsselten Heiligen Bücher erläutern und ihre Lehren unserem westlichen Verständnis mehr und mehr zugänglich machen.
Diese Tatsache ist nicht nur für die suchenden Menschen im Westen, sondern auch für die emigrierten Tibeter selbst von unschätzbarer Bedeutung. Die alten Traditionen geben ihnen Halt in der abendländischen Diaspora und vermitteln ein starkes Gefühl der Zusammengehörigkeit. Das Interesse, das die Menschen im Westen ihrer Kultur entgegenbringen, stärkt ihr Selbstwertgefühl und fördert ihr Selbstverständnis. Zudem ist ihr religiöses und weltliches Oberhaupt, der *Dalai-Lama,* eine Integrationsfigur sondergleichen. Ohne ihn würde dieses Bergvolk sehr rasch wieder in ethnische, unter sich rivalisierende Minderheiten von *Khampas, Amdowas,* ehemalige Bewohner der Provinzen *Ü* und *Tsang* und anderen mehr zerfallen, eine Gefahr, wie sie schon immer bestanden hatte.

81 • Der Ew. Kalu Rimpotsche, welcher der Kargyü-Tradition angehört, erteilt eine Initiation (in Stockholm, Schweden)

82 • Ein großer Altmeister aus dem Himalaja, der Ew. Song Rimpotsche, erläutert die Lehre für seine Landsleute in Exil und Diaspora.

83 • In Rikon sind zum erstenmal in der langen Geschichte des Tibetischen Buddhismus die verschiedenen klassischen Lehrtraditionen unter dem selben Dach vereinigt. Im Bild der Ew. Śākya-Trizin, Oberhaupt der Śākyapa, einen religiösen Text erläuternd.

Zielsetzung und Wirken des Klösterlichen Tibet-Institutes in der Schweiz

Nachdem zu Beginn der sechziger Jahre über 150 Tibeterkinder auf private Initiative hin Aufnahme in Schweizer Familien gefunden hatten, begannen ab 1961 auf Einladung des Schweizervolkes und unter der Schirmherrschaft des Schweizerischen Roten Kreuzes tibetische Flüchtlinge in unser Land einzureisen. Heute leben mehr Tibeter in der Schweiz als in irgendeinem anderen Land der westlichen Hemisphäre.

Schon sehr bald war man sich jedoch bewußt, daß es nicht genügte, für das leibliche Wohl der in Exil und Diaspora lebenden Tibeter zu sorgen. Für dieses Bergvolk ist ein Leben ohne Religion kaum vorstellbar. Unsere vordringliche Aufgabe war, für sie einen kulturellen tibetisch-buddhistischen Mittelpunkt zu schaffen. So entstand 1968 durch private Initiative in Rikon bei Zürich ein *Gön-pa,* ein tibetisches Kloster und wissenschaftliches Institut. Die Mönchsgemeinschaft einerseits, bestehend aus einem Abt und anfänglich fünf Mönchen, hat die Aufgabe übernommen, ihre Landsleute geistig und geistlich zu betreuen und zu belehren. Das dem Kloster angegliederte Tibet-Institut steht seither im Dienste der interessierten Öffentlichkeit und unterstützt nach der Stiftungsurkunde «wissenschaftliche Arbeiten auf dem Gebiet der Religionsgeschichte, der Literatur, der Musik und der Kunstgeschichte sowie der Sprachforschung, der Medizin und Pharmazeutik». Ganz allgemein soll das Tibet-Institut der Begegnung zwischen tibetischer und westlicher Kultur dienen.

84 • «Tschö-Khor-Gön» steht in tibetischen Lettern über dem Eingang des Klosters in Rikon bei Zürich: «Kloster zum Rad der Lehre». Die acht Speichen des Rades erinnern an den «Achtgliedrigen Pfad», der Inhalt der ersten Lehrrede Buddhas im Gazellenhain von Sārnāth war.

85 • Das klösterliche Tibet-Institut in Rikon/Zürich. Seit 1968 wehen auch in der Schweiz Gebetsfahnen im Wind. Während die Mönchsgemeinschaft ihre Landsleute im Exil und in der Diaspora betreut, nimmt sich das angegliederte Institut der westlichen Interessenten an.

Der klösterliche Alltag in Rikon

Der Alltag der Mönchsgemeinschaft in Rikon beginnt morgens zwischen 7 und 8 Uhr mit einem gemeinsamen Frühgebet im Kultraum des Klosters. Nach dem Frühstück ziehen sich die Lamas zum Studium der Schriften und zu persönlichen Gebeten und Meditationen in ihre Mönchszellen zurück. Der Vormittag ist für wissenschaftliche Arbeit, für Übersetzungen und Expertisen reserviert.

Nach der einfachen Mittagsverpflegung stehen die Mönche für die Seelsorge und die Ausbildung ihrer Landsleute zur Verfügung. Im Gegensatz zur traditionellen tibetischen Praxis verweilen die Mönche nicht ausschließlich im Kloster, sondern betreiben auch aktive Seelsorge, indem sie die Familien in deren Heimen aufsuchen und die Kinder und Jugendlichen an deren Wohnort unterrichten.

Kulturelle Glanzlichter sind jeweils die großen und kleinen Feierlichkeiten aus Anlaß der religiösen tibetisch-buddhistischen Festtage. Ein Großteil der tibetischen Landsmannschaft nimmt jeweils traditionell gekleidet an diesen festlichen *Pūjās* teil.

Des öfteren beherbergt das Kloster auch durchreisende hohe tibetische Geistliche aus dem indischen Exil, die meist die Gelegenheit dazu benützen, Belehrungen zu erteilen. Wenn alle paar Jahre einmal Seine Heiligkeit der Dalai-Lama im obersten Stockwerk des Klosters residiert, Audienzen erteilt und zu seinen Landsleuten spricht, empfindet das jeder Tibeter zutiefst als Gnade.

86 • Der Novize Lobsang Tenpa entzündet eine Butterlampe im Kultraum des Klösterlichen Tibet-Institutes.

87 • Geshe Khedup mit einem Laien aus Rikon bei einer Feuer-Pūjā.

Die Kāla-Tschakra-Initiation

In der *Kāla-Tschakra-Initiation* – ein Dalai-Lama erteilt sie nach alter Tradition zu seinen Lebzeiten nur wenige Male – wird in einer vom Neumond bis zum Vollmond dauernden Zeremonie in das große Mysterium von «Zeit und Raum» eingeweiht. Kāla heißt «Zeit», Tschakra «Rad». Es ist dies die größte «Einweihung», die der tibetische Buddhismus kennt.
Jede Einweihung hat zum Ziel, uns mit etwas noch Unbekanntem, «Geheimem» vertraut zu machen. Meist sind solche Initiationen (lat. Einweisung, Hineinführung) von feierlichen, symbolischen Handlungen begleitet, sind an Bedingungen geknüpft und bringen Verpflichtungen mit sich. Der Einzuweihende muß die notwendigen Voraussetzungen für die Initiation mitbringen und bereit sein, die aus dem neuen Wissen entstehende Macht verantwortungsvoll zu tragen. Diese Art der Wissensvermittlung kann ohne fremde Hilfe nicht erreicht werden, ein bereits eingeweihter Meister, ein Mystagoge, vollzieht sie.
Das sind die Rahmenbedingungen, die zu einer Einweihung gehören. Die Frage nach dem «Geheimnis» selbst jedoch ist damit noch nicht beantwortet.
Das Geheimnis aller Geheimnisse ist, daß es in Wirklichkeit keines gibt. Im Moment, wo wir die Antwort haben, ist das Geheimnis verschwunden! Für ein Kind, das noch nicht schreiben und lesen gelernt hat, sind Schriftzeichen ein tiefes Geheimnis, für jeden aber, der diese Zeilen lesen kann, ist dieses «Mysterium» gelüftet. Wir alle sind einmal von einem Schul-«Meister» in das Geheimnis eingeweiht worden, wie schwarze und weiße Flächen aufzuteilen sind, damit ein Dritter unsere Gedanken mit den Augen erkennen kann. Schreiben und Lesen nennen wir das. Ist uns damit nicht ungeheure Macht – und Verantwortung – erwachsen?
Oft wird bei einer großen Einweihung von einem Tod und einer neuen Geburt gesprochen. Ja, gestorben ist der Analphabeth und geboren der Schriftkundige.
Einweihungen sind Übergänge auf dem Weg unserer Bewußtseinserweiterung, Stufen oder Etappenziele. Wo aber führen uns diese Etappen hin? Die Frage bleibt: «Wer bin ich?» Nach einem Ziel zu fragen ist nur dann sinnvoll, wenn wir herausfinden wollen, *wer* eigentlich sucht.
Deshalb werden wir uns im dritten Teil dieses Buches mit Hilfe der buddhistischen Erkenntnislehre auf die Suche nach uns selbst begeben...
...auf eine Reise nach Innen.

88 • Ende Juli 1985 fand in der unmittelbaren Nachbarschaft des Klösterlichen Tibet-Institutes von Rikon, in einer Zeltstadt, eine Initiation statt. Über 6000 Tibeter, westliche Buddhisten und interessierte Laien aus 37 Ländern nahmen daran teil.

89 • In einer stillen und klaren Vollmondnacht weihte der Dalai Lama die Teilnehmer in das innerste Geheimnis des Kāla-Tschakra-Maṇḍala ein.

90 • Vier Mönche des Namgyal-Klosters zeichnen mit farbigen Sänden das Kāla-Tschakra-Maṇḍala. Während sieben Tagen arbeiteten sie konzentriert und ohne Vorlage (!) an diesem geradezu atemberaubend schönen und eindrücklichen Abbild des kosmischen «Palastes der Gottheit».

91 • In dem spitz zulaufenden Röhrchen befindet sich feinkörniger, farbiger Sand. Mit einem zweiten Instrument wird sachte über die geriffelte Oberseite gefahren, so daß vorne der Sand – durch Vibrationen aktiviert – in einem feinen Strahl ausfließt.

92 • *«Was bedingt entstanden ist, muß wieder vergehen, alles ist dem Wesen nach leer», heißt es im Buddhismus So wird denn das Maṇḍala am Schluß der Initiation in ein goldenes Gefäß gewischt und mit Blumen und anderen Opfergaben dem Wasser des kleinen Flusses Töß übergeben.*

Die buddhistische Erkenntnislehre

Eine Reise nach Innen

Ost und West im Zwiegespräch

«East is East and West is West, the twain shall never meet», konnte der Schriftsteller Rudyard Kipling noch anfangs dieses Jahrhunderts schreiben. Und in der Tat waren in der Vergangenheit Ost und West absolut polare Gegensätze.

Der Osten war die Wiege der großen mystischen Weltreligionen. Die Menschen erforschten den Weg nach Innen, waren passiv empfangend. Sie strebten nach der inneren Kraft des «Nicht-Anhaftens». Die Menschen im Orient bemühten sich um die Befreiung aus dem ewig wiederkehrenden Kreislauf der Dinge *(Saṃsāra)*. Durst und Gier nach weltlichem Sein und Werden erkannten sie als Urgrund allen Leidens. Nicht blinder Glaube wurde gefordert, sondern Erkenntnis, nicht Wissen, sondern Weisheit. In passiver, demütiger Haltung waren die östlichen Menschen immer bereit, sich den Umständen zu fügen, sich zu «ergeben».

Der Westen dagegen versuchte schon zur Zeit Alexanders des Großen, sich die Welt untertan zu machen. Nicht nur fremde Völker, auch die Natur und ihre Gesetze wollte und will der westliche Mensch beherrschen. Ja sogar Gott soll erobert werden! Der Mensch des Okzidents strebt seit jeher nach Reichtum und Macht, und sein ehrgeiziges Ziel heißt «immer mehr». Dieses aktive Bemühen hat dann auch in materiellen Dingen seine Früchte gezeigt: er fliegt auf den Mond und hat es in der Hand, gigantische Kräfte zu entfesseln, da er das Geheimnis des Gesetzes der Materie enthüllt hat.

Der Mensch im Orient lebt im inneren Frieden, hat es aber nie verstanden, sich von äußerer Armut, von Elend und Krankheit zu befreien. Dagegen hat der westliche Mensch trotz materiellen Wohlstands den inneren Weg verloren. Er sucht verzweifelt nach Sinn und Zweck seines Daseins und ist zutiefst enttäuscht darüber, daß es ihm trotz allem nicht gelingt, das zu finden, was er sich im Grunde am meisten erhofft: sein wahres Lebensglück.

Es sind nicht nur die jungen Menschen in den westlichen Ländern, sondern vor allem auch die geistige Elite, die fortschrittlichsten Wissenschaftler, die endlich einsehen, daß es auf diesem Weg nicht weitergehen kann, daß dieser «Durst nach immer mehr» die Welt zerstört. Und so hat im Westen seit einigen Jahren ein Umdenken begonnen. Langsam setzt sich die Erkenntnis durch, daß wir trotz materiellem Wohlstand in größter geistiger Armut und Desorientierung leben und deshalb unsere Lebensprobleme nicht meistern können. Seit Jahren ist ein Suchen nach wahren geistigen Werten im Gange. Viele haben darob die ewigen Wahrheiten der Weisheitslehren des Ostens entdeckt.

Wie wir sehen werden, ist der Buddhismus kein Glaubensbekenntnis wie fast alle anderen Religionen, sondern er ist der Weg zur *Erkenntnis*. Und Erkenntnis ist auch der Weg der Naturwissenschaften. Erkenntnis ist die erste große Brücke im Verständnis zwischen Ost und West!

Die zwei großen religiösen Strömungen der Menschheit

Im allgemeinen versteht man unter den fünf großen Weltreligionen das Judentum, das Christentum und den Islam im Westen, den Hinduismus und Buddhismus im Osten. Im Grunde aber lassen sich zwei religiöse Strömungen der Menschheit erkennen: In der westlichen Hemisphäre wurzeln alle drei Religionen über das Alte Testament bei Abraham und könnten, gäbe es einen solchen Begriff, «abrahamische Religionen» genannt werden.

Die zwei Hochreligionen des Ostens fußen in den wohl ältesten erhaltenen Schriften der Menschheit, dem *Veda.* Sein Ursprung kann bis 1500 Jahre vor Christus zurückverfolgt werden; bestimmt ist er in der mündlichen Tradition sehr viel älter. Zu Lebzeiten Gautama Buddhas war das gigantische Werk in seinen wesentlichen Teilen abgeschlossen. Es ist in der klassischen Sprache Indiens, dem Sanskrit, geschrieben. Der Inhalt wurde im 9. Jahrhundert n. Chr. vom hinduistischen Reformator Shankarāchārya neu überdacht und zu einem lückenlosen Weltbild zusammengefügt, das wir heute *Vedānta*-Philosophie nennen.
Ein Vers aus dieser Zeit lautet: «Alle Lehren führen schließlich hin zur höchsten Wirklichkeit, zu derselben Stadt ziehn Pilger mit verschiedener Schnelligkeit, von verschiedenen Ausgangspunkten, mit unterschiedlicher Aufbruchszeit.»

Der Zeitbegriff in Ost und West

Der berühmte Tübinger Indologe, Prof. Helmuth von Glasenapp, pflegte seinen Studenten zu sagen: «Westlich des Hindukusch läuft die Zeit, östlich davon steht sie.» Im Westen haben wir eine selbstverständliche Vorstellung davon, daß die Zeit laufe und wir uns einen Anfang und ein Ende unseres Universums denken müssen. Unsere Religionen kennen alle Schöpfungsmythen. Selbst unsere Naturwissenschaft geht von dieser Voraussetzung aus.
Judentum, Christentum und Islam sind prophetische Religionen, die im geschichtlichen Ablauf ihren Messias erwarten oder erwartet haben. Unsere okzidentale Blickrichtung ist nach außen gerichtet; primär ist für uns die durch die Sinne wahrnehmbare Umwelt, wir denken analytisch und teilen Einheiten in immer kleinere Untereinheiten auf. Aus diesem Grunde sind wir auf dem Weg, zu Spezialisten zu werden, zu Menschen, die von immer weniger immer mehr wissen. Unsere hochentwickelte Wissenschaft ist Kind dieser Denkweise.
Erst mit der Relativitätstheorie von Einstein und der Erkenntnis der Physiker, daß Zeit und Raum eine untrennbare Einheit bilden, der Raum «gekrümmt» und unser Universum zwar unbegrenzt, aber dennoch nicht unendlich sei, begann unser Weltbild zu wanken.
Die Erkenntniswege des Ostens sind im Grunde immer davon ausgegangen, daß das, was wir Zeit nennen, steht. Und zwar im JETZT. Es ist für uns einsichtig, daß alles, was je geschehen ist oder geschehen wird, im JETZT geschieht. Könnte jemals etwas auch nur einen Bruchteil einer Sekunde vor oder nach dem JETZT geschehen? Das JETZT ist der unmittelbar erfahrbare Anteil dessen, was wir «Zeitablauf» nennen. «Vorher» und «Nachher» ist bereits eine Reflexion unseres Gehirns. Der heilige Augustinus meint genau das: «Die Zeit besteht aus einer dreifachen Gegenwart: der Gegenwart, wie wir sie erleben, der Vergangenheit als gegenwärtiger Erinnerung und der Zukunft als gegenwärtiger Erwartung.»
Es ist erstaunlich, daß selbst der westliche Denker und Philosoph Wittgenstein an einer Stelle seiner Schriften zum Schluß kommt: «Wenn man unter Ewigkeit nicht unendliche Zeitdauer, sondern *Unzeitlichkeit* versteht, dann lebt der ewig, der in der Gegenwart lebt.»

Die zwei großen religiösen Strömungen der Menscheit

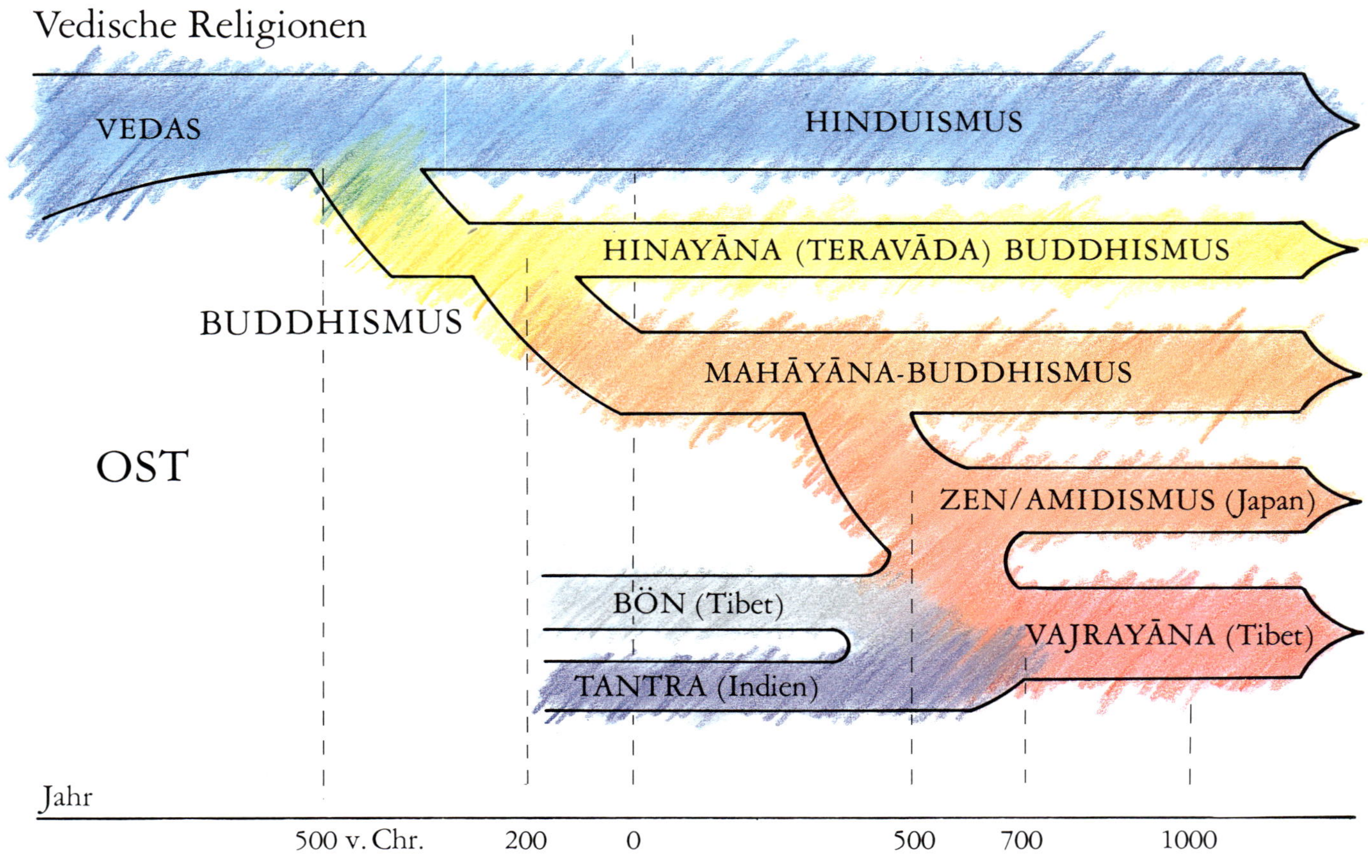

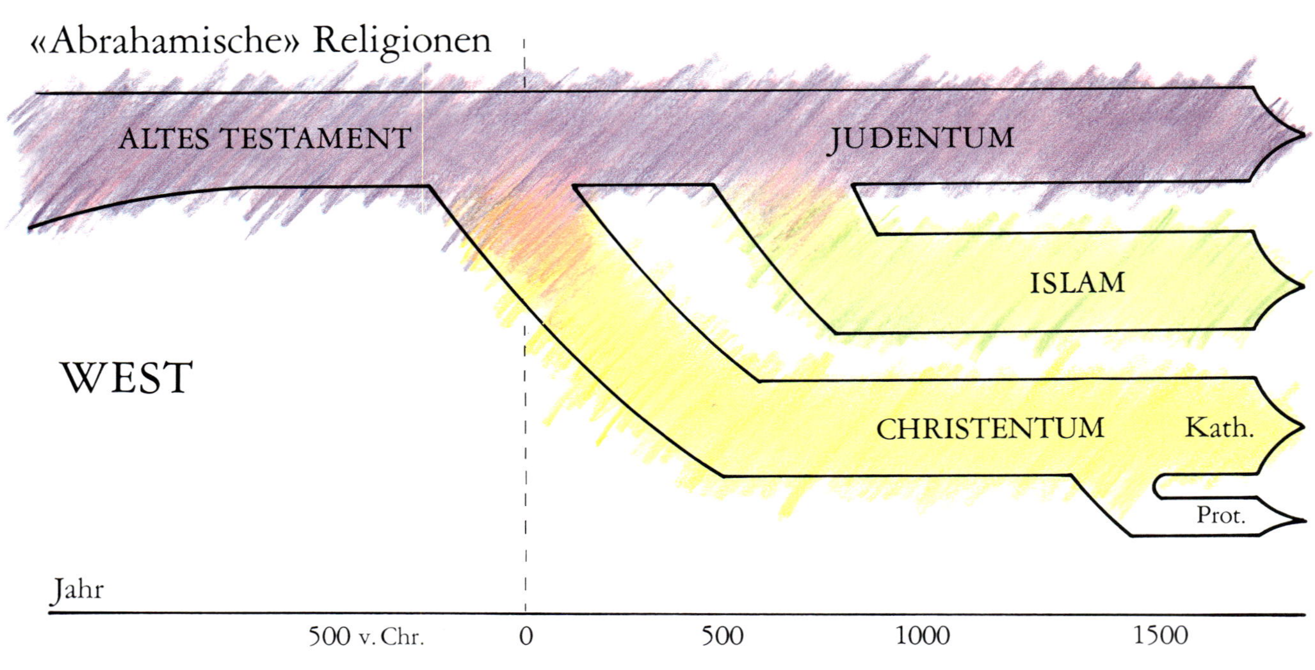

Im Anfang war das Wort...

Im Prolog zum Johannesevangelium finden wir die bekannte Stelle: «Im Anfang war das Wort (Logos), und das Wort war bei Gott, und Gott war das Wort. Alles ist durch es geworden, und ohne es ist nichts geworden.» Ich habe in einer der ältesten Schriften der Inder, dem Rig-Veda, dessen Anfänge sich im 2. Jahrtausend v. Chr. verlieren, eine analoge Stelle gefunden: «Im Anfang war kein Sein, aber es war auch kein Nicht-Sein, da war weder Tod noch Leben. Nur das Eine atmete, ohne zu atmen, von ihm verschieden war noch nichts.»

Beide Texte bemühen sich, etwas im Grunde Unbeschreibliches darzustellen. In beiden Fällen müssen wir das, was da beschrieben wird, als ein Paradoxon bezeichnen, etwas Vernunftwidriges, Alogisches, als etwas, das dem Verstand nicht mehr zugänglich ist. Es heißt: «Im Anfang war kein Sein...», und unser Verstand folgert sogleich: «Es war also Nichtsein!» Im weiteren Text liest man dann: «Es war auch kein Nicht-Sein.» Beides war nicht, weder das Sein noch das Nicht-Sein. Der Verstand ist gewissermaßen kurzgeschlossen. Es ist durchaus dieselbe Situation, wenn «im Anfang das Wort bei Gott und Gott das Wort war, und außerhalb des Wortes, außerhalb von Gott nichts war».

Die Astrophysiker glauben zu erkennen, daß unser Universum mit einem «Urknall» begonnen habe. Es gibt bereits Publikationen, die umfangreicher sind als die Heilige Schrift und die beschreiben, was in der ersten Sekunde nach dem Urknall alles geschehen sein muß. Eines der populärwissenschaftlichen Bücher trägt den Titel: «Im Anfang war der Wasserstoff!» Aber bis jetzt hat es keiner gewagt, die Frage zu stellen, was denn in der Sekunde *vor* dem Urknall war. Ist nicht dies die faszinierendste Frage? Eine Sekunde vor dem Urknall! Da war ein NICHTS. Kein gewöhnliches NICHTS allerdings, denn aus NICHTS kann ja bekanntlich nichts werden. Es muß ein NICHTS gewesen sein, das noch nicht verschieden war von sich selber und außerhalb dem es nichts gab. Eine Ur-Möglichkeit, ein Widersinn erster Klasse: ein NICHTS, aus welchem das ALL sich manifestieren kann. Vermutlich wäre die einzige wissenschaftliche und logische Antwort auf diese verwirrende und für die Wissenschaft ärgerliche Frage nach der Sekunde zuvor die, daß diese Frage nicht zulässig sei und nicht gestellt werden dürfe. Vor dem Urknall nämlich habe es logischerweise noch keine Zeit gegeben und damit auch noch keine «Sekunde zuvor». Das ist zwar ein kleiner Sieg des Verstandes, aber das Geheimnis bleibt.

Brahman, Ātman und Trimūrti

Die Heiligen Schriften der Inder, die Veden, bezeichnen diesen Urzustand mit Brahman – *das* Brahman. Brahman ist das Ursprüngliche, das Absolute, die ewige aus sich selbst seiende Ur-Kraft. Es ist die allem innewohnende kosmische Kraft. Und es ist das vollkommen Unpersönliche oder besser Überpersönliche, das noch in keiner Weise Gegliederte, eigenschaftslos, erhaben über Zeit und Raum, dem Begreifen unfaßlich.

Aus diesem überhaupt nicht zu Besprechenden oder zu Umschreibenden, aus diesem ALL-NICHTS entsteht das, was die Inder «Ātman» nennen: das unzerstörbare Selbst im Menschen, das «innere Licht». Ātman ist Sanskrit. Diese alte Sprache gehört der indogermanischen Sprachenfamilie an und ist mit unserer Sprache verwandt. Man kann aus Ātman das Wort Atem hören, Odem, Lebensodem.

Gott blies Adam den Odem ein. Ātman ist also das Leben, der Mittelpunkt alles Seienden. Er entspringt wie alles dem Allgeist Brahman.

Nach diesem Einhauchen des Lebens in den Menschen, nach diesem Schöpfungsakt entsteht nach der indischen Vorstellung eine Dreiheit: der Beginn, das Ende und dazwischen die Dauer. Man kann sich nichts in der Schöpfung denken, das nicht einen Anfang und ein Ende hätte. Und man kann sich keinen Anfang und kein Ende denken, ohne daß gleichzeitig ein Drittes entstehen würde: die Dauer. Die Inder nennen diese Dreiheit «Trimūrti»: Drei in Eins und Eins in Drei, eine Art heilige Dreieinigkeit. Sobald die göttliche Potenz in die Schöpfung eintritt, entsteht eine Dreiheit: Brahmā, Viṣhnu und Śhiva. Das sind die Gottheiten, die dieses Werden, Sein und Vergehen verkörpern. Brahmā ist der Weltschöpfer (diesmal nicht das Brahman, das Absolute), Viṣhnu der Welterhalter und Śhiva der Weltzerstörer.

Dies ist das Spannungsfeld der Schöpfung, das Positive und das Negative, und dazwischen der «Lichtbogen», die durch unsere Sinne erfahrbare Welt: der Schleier – Māyā –, durch den wir die Welt sehen. Das Positive ist der Frühling, der Beginn, der Anfang. Das Negative ist der Herbst, das Ende. Beginn ist ohne vorheriges Ende nicht denkbar. Beginn und Ende sind grundsätzlich wertfrei; das Positive ist nicht besser als das Negative, beides sind zwei Enden einer Wirklichkeit. Die Chinesen nennen das «Ja-Nein» und meinen damit das Absolute. Erst die Gegensatzpaare zusammen ergeben das Ganze: hell–dunkel, oben–unten, Leid–Freude. Ja, wenn ich «Weiß» sage, sage ich unausgesprochen auch «Schwarz», und dem Begriff der «Nicht-Zweiheit» (skr. advaita) steht gleichzeitig die «Nicht-Einheit», die «Zweiheit» gegenüber.

Die «Nicht-Zweiheit»

Die Veden sind, wie wir gehört haben, die indischen Bücher des Wissens. Die Philosophie, die sich daraus entwickelt hat, heißt Vedānta-Philosophie (Veda = Wissen, Ānta = Ende, das «Ende des Wissens»). Der letzte Schluß, zu dem die Vedānta-Philosophie kommt, heißt «Advaita», die absolute «Nicht-Zweiheit». Das ist das Ende des Wissens: Worte und Gedanken verstummen im vorschöpferischen Ur-Zustand, in welchem «das Wort noch bei Gott und Gott selbst das Wort war». Die Nicht-Dualität ist ein NICHTS, das ALLES miteinschließt. Es ist das Nirvāṇa Buddhas – sofern diese «Nicht-Zweiheit»» im Bewußtsein des Menschen lebendige Wirklichkeit wird, wie wir noch sehen werden.

Reinkarnation und Karma

Bevor wir von der Lehre Buddhas sprechen können, müssen wir noch die Bedeutung von Reinkarnation und Karma kennenlernen. Dann erst werden wir verstehen, wovon er uns mit Hilfe seiner Lehre befreien will. Unter Reinkarnation ist die Lehre von der Wiedergeburt zu verstehen. Sie ist eng verbunden mit dem Begriff Karma, der mit unserem Wort «Schicksal» übersetzt werden könnte, selbstverursachtes Schicksal allerdings, auf Ursache und Wirkung basierend und so den Kreislauf der Wiedergeburten in Bewegung haltend.

Innerhalb des Spannungsfeldes der Schöpfung kommen und gehen alle Geschöpfe, Menschen, Tiere und auch Pflanzen, in einem ewigen Rhythmus. In einer unendlichen Evolution entwickelt sich der Geist vom Unbewußten zum Bewußten. Durch unzählige Pflanzenleben, Tierleben und schließlich Menschenleben hindurch geht ein Prozeß des *Erwachens* vor sich. «Gott schläft im Stein, atmet in der Pflanze, träumt im Tier und erwacht im Menschen», eine Sentenz von Angelus Silesius, die wie eine indische Weisheit anmutet.

Dieser Kreislauf der Wiedergeburten wird von den Schriften «Saṃsāra» genannt. Der Tod des Menschen wird also nicht als endgültig betrachtet. Der Tod ist ein Schlaf, durch welchen wir unseren Körper verlieren. Die Frage zwischen dem Wo und Wie des Verbleibens zwischen dem Tod und der nächsten Wiederverkörperung wirft gleichzeitig die Frage auf nach dem Wo und dem Wie des Verbleibens nach dem Versinken in den nächtlichen Tiefschlaf. Wo sind wir, wenn wir traumlos schlafen?

Die spätere vedische Tradition lehrt die Wiedergeburt, spricht von der Möglichkeit, das Begonnene in unzähligen aufeinanderfolgenden Leben fortzusetzen. Es wird das Gesetz von der Evolution in logischer Folgerung auch auf das Individuum angewendet, das nach dem Tode nicht vergeht, sondern Gelegenheit hat, in neuem Gewande – zwar ohne Erinnerung, aber dennoch mit der Summe aller Erfahrungen aus den früheren Erdenleben ausgestattet – an der Stelle weiterzufahren, an der seine Entwicklung durch den Verlust des alten Körpers abgebrochen wurde. Und seine unerfüllten Wünsche, seine Begierden, sein Lebensdurst lassen ihn immer wieder einen neuen Mutterschoß suchen, eine neue irdische Verkörperung.

Auf dem Weg durch die unzähligen Leben wird der Mensch von seinem «Karma» begleitet. Nicht ein von «höherer Macht» uns zugedachtes, von Außen gesandtes Schicksal, sondern ein ganz und gar selbst verursachtes. Karma ist das Gesetz von Ursache und Wirkung und wird ganz nüchtern als Gesetzmäßigkeit verstanden, kennt also keine Wertung. Zwar kann man vereinfachend sagen: «Gute Tat, gutes Karma» – «schlechte Tat, schlechtes Karma». Aber die Reaktion auf unsere Taten ist weder als Bestrafung noch als Belohnung irgendeiner höheren, urteilenden Macht anzusehen. «Wie man sich bettet, so liegt man»; unser westliches Sprichwort bezieht sich auf Taten und Haltungen in unserem jetzigen Leben. Für Schicksalsschläge oder auch Glücksfälle, deren Ursache wir im überblickbaren Leben nicht einordnen können, machen wir höhere Mächte, eben Schicksalsmächte, verantwortlich.

Der Tod unterbricht dieses Gesetz von Ursache und Wirkung nicht, so wenig wie der nächtliche Schlaf mich morgen vor den Auswirkungen meiner heutigen Taten schützen kann. Und so, wie uns das Gesetz des Handelns an Ursache und Wirkung bindet, so ist auch das ganze Geschehen in der Welt als Auswirkung der gleichsam nach physikalischen Gesetzen ablaufenden Kausalität zu verstehen. Dabei müssen wir uns aber ins Bewußtsein rufen, daß die Karma verursachenden Kräfte nicht nur in der Vergangenheit liegen, sondern ebenso aus der Zukunft kommen. Unsere Tatabsichten wirken auf unser Karma so, als seien sie schon Wirklichkeit geworden. In dieser Erkenntnis ist die Freiheit des menschlichen Wollens begründet.

Die großen Epen Indiens

Wir befinden uns immer noch im vorbuddhistischen Hinduismus. Es ist jetzt notwendig, diese Gedankenwelt eingehend darzustellen, damit wir den Mutterboden kennenlernen, auf dem der Buddhismus gedeihen konnte. Und wenn wir über den Hinduismus sprechen, so kommen wir nicht darum herum, die beiden gewaltigen Epen zu erwähnen: das «Mahābhārata» und das «Rāmayāna». In diesen Heldengeschichten wird die Tiefe der vedantischen Philosophie in einer schier unendlichen Geschichtenfolge für das einfache Volk anschaulich gemacht. Eine meiner Lieblingsgeschichten möchte ich hier erzählen, um die Leser spüren zu lassen, welch großartige erzieherische Kraft diesen Erzählungen innewohnt. Die zweite und schönste habe ich an den Abschluß dieser Ausführungen gesetzt. Natürlich sind diese Erzählungen nur Momentaufnahmen aus einem großen Ablauf.

Die Göttin Gaṅgā und der Königssohn

«Gaṅgā, der weibliche Geist des heiligen Flusses Ganges, mußte mithelfen, ein Karma zur Erfüllung zu bringen und nahm zu diesem Zweck die Gestalt einer überirdisch schönen Frau an. Sie ging am Ufer ihres Flusses auf und ab, und bald schon wurde sie von einem jungen Prinzen entdeckt, der in den angrenzenden Wäldern auf der Jagd war. Ihr betörender Duft hatte ihm den Weg gewiesen. Auf den ersten Blick in Liebe entflammt, bat er die Schöne, mit ihm auf sein Schloß zu kommen. Gaṅgā sagte nicht nein, stellte aber ihre Bedingungen. Eine davon war, daß er sich entscheiden müsse, ob er sie ‹vom Gürtel an aufwärts› oder vom ‹Gürtel an abwärts› besitzen möchte. Beides zugleich, so gab sie ihm zu verstehen, sei nicht möglich. Der junge Mann ging verwirrt nach Hause, wälzte sich die ganze Nacht auf seinem Lager und fand keinen Schlaf. Der Zwiespalt, in welchem er sich befand, war schrecklich; er wußte, was er gerne wollte, und er wußte auch, was er sollte, und so kämpfte er mit sich selber bis zum Morgengrauen. Nach Sonnenaufgang ging er an das Ufer des Flusses und sagte: ‹Mutter, ich habe mich entschieden: ich möchte dich vom Gürtel an aufwärts besitzen.› Da lächelte Gaṅgā, löste die Gürtelschnalle und ließ den Gürtel zur Erde fallen; so war ‹vom Gürtel an aufwärts› alles enthalten!»

«Vom Gürtel an aufwärts» steht für das Geistige, «vom Gürtel an abwärts» für das Materielle. Wer sich für das Geistige entscheidet, hat sich für alles entschieden, für das Geistige und das daraus resultierende Materielle. Hätte der Prinz sich anders entschieden, was wäre ihm geblieben, nachdem der Gürtel auf der Erde lag? Eine philosophische Wahrheit in ein solches Bild gekleidet, kann tief in die menschliche Seele eindringen und von dort aus ihre ethische Kraft entfalten.

Prinz Siddhārta Gautama

In dieses religiöse Klima wurde Gautama Buddha hineingeboren. Er kam Mitte des 6. vorchristlichen Jahrhunderts als Sohn eines Kleinfürsten in Nordindien zur Welt. Sie kennen seinen Namen: Prinz Siddhārta, Siddhārta Gautama aus dem Geschlecht der Śākya.

Seiner Mutter, Māyā, wurde die Geburt ihres Sohnes im Traume durch einen weißen Elefanten verkündet, und sie brachte ihn in einer jungfräulichen Geburt zur Welt; das Kind trat aus ihrer Seite aus. Wenige Tage danach starb sie.
Der Prinz wurde von der Schwester der Mutter erzogen. Sein Vater versuchte, alles irdische Leid von seinem Sohn fernzuhalten, indem er ihm das Leben im Palast so angenehm wie nur möglich gestaltete. Ja, er wurde nach allen Regeln der Kunst verzärtelt und gehätschelt.
Im sechzehnten Lebensjahr wurde er verheiratet. Er nahm an Spielen und Wettkämpfen unter Gleichaltrigen teil, und nach dreizehn Jahren Ehe schenkte ihm seine Frau ein Kind, ein Knabe namens Rāhula. Die einzige Begrenzung in seinem auf weltlichen Genuß ausgerichteten Leben war die Bestimmung seines Vaters, daß er die Mauern der Palastgärten nicht verlassen dürfe. Der junge Mann aber wurde des Luxus und der Sinnesfreuden überdrüßig. Immer stärker wurde in Siddhārta Gautama der Wunsch wach, die «Welt» kennenzulernen. Und er bat eines Tages seinen Freund und Vertrauten, den Wagenlenker Tschandaka, ihn heimlich und ohne Wissen des Vaters in die Stadt auszufahren. So erzählt es die berühmte Lehrfabel von den «Vier Ausfahrten».

Die «Vier Ausfahrten»

Auf der ersten Ausfahrt begegnet Siddhārta einem alten Menschen; er muß erfahren, daß alle Menschen altern. Auf der zweiten Ausfahrt begegnet ihm ein Kranker, und auf der dritten wird er Zeuge einer Leichenverbrennung. Als er schließlich auf der vierten Ausfahrt einem Bettelmönch begegnet und von Tschandaka erfährt, daß jener vom Haus in die Hauslosigkeit gezogen sei, um eine Antwort zu finden, die jenseits von Krankheit, Alter und Tod liege, da ist des Prinzen Entschluß gefaßt: auch er ist dazu entschlossen, das Scheinglück des weltlichen Genusses zu verlassen und die Wahrheit zu suchen.

Der große Aufbruch

Der «Große Aufbruch», diese bedeutsame Begebenheit im Leben Buddhas, wird im Pāli-Kanon wie folgt geschildert:
Der Prinz sagte zu seinem dienstbeflissenen Diener Tschandaka: «Wecke und zäume mein Pferd so leise, daß niemand es hört.»
Tschandaka erwiderte: «Die Nacht ist keine Zeit zum Reisen. Sie eignet sich nicht zum Spazierritt. Keinerlei Feind scheint den Palast stürmen zu wollen. Ich verstehe nicht, warum ich in dieser Nacht das Pferd so sorgfältig schirren soll.»
Der Prinz sagte: «Weißt du denn nicht, daß uns große Feinde bedrohen? Diese Feinde sind das Alter, die Krankheit und der Tod. Es sind große Feinde. Zäume also rasch das Pferd, damit man uns nicht aufhalten oder zurückhalten kann!» Sogleich rüstete der Knappe den Schimmel und führte ihn in den Hof des Palastes. Dann sagte er: «Das Pferd ist an Ort und Stelle!»
Der Prinz trat zum Pferd und wollte aufsitzen, aber das Pferd wieherte sehr traurig. Die Götter fürchteten, daß Schwierigkeiten auftauchen könnten, und sie verwehten das Wiehern des

Pferdes, so daß es niemand vernahm. Der Prinz stieg aufs Pferd und ritt aus der Hintertüre des Palastes, die sich durch ein Wunder auftat. Im Kanon heißt es dann weiter, daß der künftige Buddha im Hain vor der Stadt seine fürstlichen Gewänder mit den zerlumpten Kleidern eines zufällig vorbeiziehenden Jägers austauschte, von seinem Freund und Begleiter und von seinem Lieblingspferd Abschied nahm und in die Haus- und Heimatlosigkeit zog.

Die sieben Lehrjahre

Sieben Jahre war Siddhārta Gautama unterwegs, um bei verschiedenen Meistern alles zu lernen, was damals die Yogis, die Gelehrten und Weisen, wußten. Er lernte alle Heiligen Schriften kennen und versuchte sich schließlich auch in der strengsten Askese. Er verweigerte sich für lange Zeit alle Nahrung. Als er bis zum Skelett abgemagert war, sah er ein, daß auch dieser Weg nicht der richtige war. «Diese schrecklichen Kasteiungen werden mir nicht über die menschlichen Gesetze hinaushelfen, durch sie werde ich nicht zur wahren Erkenntnis gelangen», heißt es wörtlich in seinen Reden. Er mußte jedoch auch diese Erfahrungen machen in einem Land wie Indien, wo extreme Selbstkasteiungen hohes Ansehen genießen.
Dann entdeckte der werdende Buddha den Weg zur Selbstversenkung, den weglosen Weg der Meditation. Und der führte ihn ans Ziel.

Die Erleuchtung

Im siebten Jahre seiner Suche, seiner Wanderschaft endlich setzte sich Siddhārta Gautama unter einen Feigenbaum mit dem Gelöbnis, hier nicht eher wegzugehen, bevor er nicht zur wahren Erkenntnis gelangt sei. Und so saß er für sieben Tage unter dem Pipal-Baum in tiefster Versenkung.
In einer Vollmondnacht, vielleicht im Jahre 533 vor unserer Zeitrechnung, wurde Siddhārta Gautama, der Prinz aus dem Fürstenhaus der Śākya, zu Gautama BUDDHA, zu Gautama, dem vollkommen Erwachten, ERLEUCHTETEN.

Māras Versuchungen

Die Legende erzählt, wie der gewaltige Herrscher der Unterwelt, Māra, der Herr der fleischlichen Lust und des irdischen Genusses, sein Reich bedroht sah. Er mobilisierte seine über alle Maßen schrecklichen und furchterregenden Dämonen und hetzte sie gegen den Erleuchteten. Aber die Schwerter, Pfeile, Spieße und Äxte, die sie gegen ihn schleuderten, rieselten als Blumenregen nieder.
Schließlich griff Māra zu seinem mächtigsten Mittel. Er ließ seine drei Töchter, genannt Verlangen, Zärtlichkeit und Wollust, vor dem Erleuchteten einen Schleiertanz aufführen. Vergeblich! Buddhas Seelenfrieden trimphierte über seine Verführerinnen, welche sich ihm, nachdem er standhaft geblieben war, anbetend vor die Füße warfen.

93 • *Sieg.*

«Die Vier Edlen Wahrheiten»

Die Erkenntnis, die Buddha in seiner Erleuchtung zuteil wurde und die Grundlage seiner Lehre werden sollte, ist von großer Tragweite und von ergreifender Einfachheit. Er verkündete sie in seiner berühmten Lehrrede in Sārnāth bei Benares.
Seine ersten Zuhörer waren die ehemaligen Weggenossen, die ihn damals enttäuscht verlassen hatten, als er seine Askese aufgab. Noch jetzt waren sie ihrem alten Reisegefährten gram, da sie glaubten, daß er in das weltliche Leben zurückgekehrt sei. Sie verabredeten, respektlos sitzen zu bleiben, wenn Gautama käme. Als aber der Erleuchtete vor sie hintrat, wurden sie von einem heiligen Schauer erfaßt, sie warfen sich in tiefster Verehrung vor seine Füße.
Hier nun verkündete Gautama Buddha die Lehre von den «Vier Edlen Wahrheiten»:
Die «Erste Edle Wahrheit» lautet: «Alles ist *Leid*. Geburt ist Leid, Krankheit ist Leid, Tod ist Leid, Zusammensein mit Unliebem ist Leid, Getrenntsein von Liebem ist Leid, Nichterlangen von Begehrtem ist Leid.» Alles ist vergänglich, alles, was geschaffen wurde, muß enden. Gibt es denn nicht auch Schönes und Gutes auf dieser Welt? Wo bleibt denn das Glück? Ist das auch Leid? Aber die Erkenntnis von der Leiddurchdrungenheit unserer Existenz ist unerbittlich; alles, was geschaffen ist, muß irgendwann vergehen, und je schöner, je glücklicher es war, desto schmerzvoller ist das Ende. Das ist die erste der «Vier Edlen Wahrheiten».
Die «Zweite Edle Wahrheit» geht der *Ursache* dieses Leidens nach. Wie kommt es, daß alles leiddurchdrungen ist? Was ist der Grund dafür, wie kann das sein? «Dies, ihr Mönche», so spricht der Erleuchtete, «ist die heilige Wahrheit von der Entstehung des Leides: es ist der Lebensdurst, der von Wiedergeburt zu Wiedergeburt führt, es ist der Durst nach Lust und Begier, der Durst nach Werden, der Durst nach Macht.» Und dieser Durst, diese Begier entsteht aus Unwissenheit, aus Unwissenheit entsteht auch Haß, die Kehrseite der Liebe, und führt zu Leid ... Dies ist die «Zweite Edle Wahrheit».
Nachdem nun die Ursache des Leidens gefunden ist, folgt der Entschluß, diese Ursache mitsamt ihren Wurzeln auszureißen, mit Stumpf und Stiel zu vernichten. «Dies, ihr Mönche, ist die heilige Wahrheit von der *Aufhebung* des Leidens: Die Aufhebung dieses Durstes durch die gänzliche Vernichtung des Begehrens, ihn fahren zu lassen, sich seiner entäußern, sich von ihm lösen, ihm keine Stätte zu gewähren.» Dies ist die «Dritte Edle Wahrheit».
Wie soll das aber geschehen? Wie können wir diesen Lebensdurst «fahren lassen, sich seiner entäußern, sich von ihm lösen, ihn vernichten, ihm keine Stätte gewähren»? Der Erhabene spricht: «Dies, ihr Mönche, ist die heilige Wahrheit von dem *Weg* zur Aufhebung des Leidens. Es ist dieser heilige, achtgliedrige Pfad, der da heißt: rechte Einsicht, rechtes Sich-Entschließen, rechtes Wort, rechtes Handeln, rechtes Leben, rechtes Streben, rechte Achtsamkeit, rechtes Sich-Versenken.» Dieser *«Achtgliedrige Pfad»*, die vierte der «Edlen Wahrheiten», ist durchaus logisch und konsequent: eine Qualität, der wir im Buddhismus immer wieder begegnen werden.

94 • Das «Rad der Lehre» mit seinen acht Speichen ist das grundlegende Symbol aller buddhistischen Traditionen.

Der Achtgliedrige Pfad

Der erste Punkt ist die *rechte Ansicht* oder besser *Einsicht.* Man soll etwas erkennen, einsehen, zu einer Einsicht gelangen. Das versuchen wir ja im Alltag immer wieder zu tun. «Ja», sagen wir zuweilen, «so ist es wahrscheinlich». Wir sehen Zusammenhänge, die uns bislang verborgen waren. Ein «Licht» geht uns auf, wir sind glücklich über diese neue Einsicht.
Und nun kommt das *rechte Sich-Entschließen.* Die «rechte Einsicht» genügt nicht. Wir müssen aus der Erkenntnis Konsequenzen ziehen, sonst hilft uns die Einsicht nicht weiter. Das wäre der zweite Punkt des achtgliedrigen oder «Achtteiligen Pfades».
Drittens: das *rechte Wort.* Wenn wir uns aufgrund der «rechten Einsicht» richtig entschlossen haben, so werden wir anders reden. Aus dem «rechten Wort» ergibt sich ganz natürlich das *rechte Handeln,* wie der vierte Punkt heißt, und – fünftens – das *rechte Leben.* Dieses neue Leben wird sich gewiß ergeben, wenn wir anders denken, anders sprechen und anders handeln.
Sechstens erfolgt das *rechte Streben* oder das *rechte Sich-Bemühen.* Es geht darum, durch bewußtes Sich-Bemühen neue Erkenntnisse zu erlangen – was durch die *rechte Aufmerksamkeit* geschehen soll. Das wäre die zweitletzte, die siebte Stufe des Achtteiligen Pfades.
Nun kommen wir zum Kernpunkt der ganzen buddhistischen Lehre. Zur achten und letzten Stufe des Pfades: zum *rechten Sich-Versenken.* In dieser Versenkung, in dieser Meditation, der Hauptübung der Lehre Buddhas, holt man sich neue Kraft, gelangt zu neuen Erkenntnissen und Ansichten, wird von neuen Einsichten erhellt, die dann wieder zum «rechten Sich-Entschließen» führen und zum «rechten Wort» werden können. Der Achtteilige Pfad ist ein in sich geschlossener Kreislauf.
Gautama Buddha weist diesen Heilsweg, den Weg zur Erlösung vom Leid. Dabei ist Buddha aber nicht im christlichen Sinn ein «Erlöser», sondern vielmehr «Wegweiser». Seine Lehre ist ein Hilfsmittel, ein «Fahrzeug» oder «Floß», wie sie in den Schriften genannt wird. «Gut zum Übersetzen, aber nicht zum Weitertragen.»
Worte und Taten des Erleuchteten prägen, wie zu erwarten ist, das Verhalten und den Ethos der Buddhisten. Da wird z. B. in den Schriften die Begebenheit erwähnt, in der Buddha auf einem Bettelgang Fleisch in die Eßschale gelegt wird. Nun soll der Buddhist «keinem fühlenden Wesen Leid zufügen», also nicht töten. So soll er strenggenommen auch kein Fleisch essen. Buddha hat aber das Fleisch gegessen, das ihm ein Schmied gereicht hatte. Als ihn seine Jünger auf diesen Widerspruch aufmerksam machten und wissen wollten, wie sie sein Verhalten zu verstehen hätten, sagte er zu ihnen: «Der Schmied hat sein Bestes gegeben, und wenn er sein Bestes gibt, so soll man das nicht zurückweisen.» Er hat damit den Respekt vor der guten Absicht des Gebenden höher bewertet als das Gebot, kein Fleisch zu essen.
Die eigentlichen Schriften sind jedoch umrankt und gelegentlich geradezu überwuchert von unzähligen Legenden, die im indischen Klima reichen Nährboden fanden und die zuweilen wunderschöne Wahrheiten in sich bergen.

Die Legende vom Räuber Aṅgulīmala

Auf seinen Wanderschaften kam Buddha einmal an den Rand eine tiefen Waldes. Die Leute warnten ihn und sagten, er solle nicht durch diesen Wald gehen, denn Aṅgulīmala hause darin, der große und weitherum gefürchtete Räuber. Dieser schreckliche Aṅgulīmala plündere

alle Wanderer aus und töte sie, und es sei dringend davon abzuraten, diesen Wald zu betreten. Buddha ließ sich jedoch von den gutgemeinten Ratschlägen nicht abhalten und lenkte seine Schritte durch den Wald.
Bald schon wurde Aṅgulīmala seiner ansichtig und rief mit fürchterlicher Stimme: «Stehe, Wanderer, oder ich werfe meinen Speer!» Buddha ging gleichmütig seines Weges, ohne auf den Anruf zu achten. «Stehe, oder ich töte dich!» rief Aṅgulīmala abermals zornig. Als Buddha auch dieser Aufforderung nicht nachkam, schleuderte der Räuber seinen Speer. Und noch einen und noch einen, alle verfehlten ihr Ziel! In höchstem Maße verwirrt und erzürnt über seine Mißerfolge, schrie Aṅgulīmala den Wanderer ein letztesmal an und rief: «Weißt du denn nicht, wer ich bin, Unglückseliger? Ich bin Aṅgulīmala, der größte aller Räuber, der Schrecken des Waldes; meine Stimme allein flößt den Menschen Todesfurcht ein: so stehe denn!» Da drehte sich Buddha um, schaute Aṅgulīmala mit großer Strenge und doch mit aller Güte fest in die Augen und sagte: «Ich stehe, Aṅgulīmala, *ich stehe.* Du aber läufst!» Aṅgulīmala stand wie vom Blitz getroffen.
War es nicht so, wie dieser furchtlose Fremde sagte? Stand nicht dieser auf festem Grund, gelassen und frei, während er selber einem Scheinglück nachjagte, das er mit Rauben und Morden doch nie erreichen konnte?
Und die Legende berichtet, wie sich Aṅgulīmala, der schreckliche Räuber, tränenüberströmt dem Erleuchteten vor die Füße warf und ihn bat, ihm als Schüler folgen zu dürfen.
Aṅgulīmala ist sicher auch als Jünger ein unbändiger und wilder Kerl geblieben. Doch jetzt kämpfte er für das Gute.
Er hatte blitzartig die «rechte Einsicht», faßte den «rechten Entschluß». Er fand jetzt auch das «rechte Wort», dem ohne Zweifel auch das «rechte Handeln» und schließlich das «rechte Leben» folgte.

Buddhismus, eine atheistische Religion?

Bislang war nur von einem Erleuchteten und von einem Heilsweg, nicht aber von einem GOTT die Rede. Weder von einem absoluten Gott noch von einem Gottvater. Auch nicht von einem Gott als Schöpfer alles Irdischen. Im Hinduismus haben wir Ātman kennengelernt, was dem Gedanken «Gottvater» wohl am nächsten kommt. Wir haben auch von Brahman gehört, dem Unpersönlichen, unaussprechlich Ursächlichen, das sich vielleicht noch am ehesten mit dem christlichen «göttlichen Urgrund» umschreiben ließe. Im Buddhismus gibt es nur die Erkenntnis des Leids und den Weg der Erlösung. Weder ein Gott als Schöpfer noch ein Gottvater ist Voraussetzung für die Lehre. Buddha richtet den Blick ganz auf den Menschen. Er predigt eine Selbsterlösung. Im ursprünglichen Buddhismus ist keine Hilfe von außen und auch keine Gnade zu erwarten.
An diese Stelle des Glaubens tritt die *Erkenntnis.* Wir verstehen nun, daß es auch den Begriff «Sünde» nicht geben kann. Die außenstehende Instanz, die unsere Taten beurteilen, verurteilen würde, fehlt. Es gibt nur verdienstvolle und unheilvolle Taten im Sinne von Ursache und Wirkung, nicht aber im Sinne moralischer Wertung. Und diese Taten bilden unser Karma, das uns auf unabsehbare Zeiten in den ewigen Kreislauf der Wiedergeburten fesselt. Wir haben die Chance, diesen Kreislauf zu erkennen und uns durch die liebende Erkenntnis, durch das nicht unterscheidende Annehmen alles Seienden daraus zu befreien.

Nirvāṇa, das große «Nichts»

Das einzige, was im Buddhismus als absolut angesehen wird, ist das NICHTS, die LEERE. Wir sind diesem paradoxen Begriff begegnet: im Versuch der Heiligen Schriften, den Zustand vor der Schöpfung zu umschreiben, in der Astrophysik mit der Frage nach der «Sekunde vor dem Urknall», und im mißglückten Versuch, das absolute Brahman in Worte zu fassen.
In der Lehre heißt es: «Wo ist der Wagen? Ist die Brücke der Wagen, die Deichsel, die Räder? Der Wagen ist in Wirklichkeit nicht.» Wir können weitergehen und fragen: «Wo ist das Rad? Ist das Rad der Reifen, die Speichen, die Nabe?» Auch das Rad gibt es in Wirklichkeit nicht. Alles Erschaffene gibt es in Wirklichkeit nicht, jedenfalls nicht so, wie wir es durch unsere Sinnesorgane wahrnehmen. Diese Sinnesorgane wirken wie ein Filter oder ein Schleier (der Schleier der Göttin Māyā); wir sehen die Phänomene nicht mehr so, wie sie sind, sondern so, wie sie uns durch unsere Sinnesorgane vermittelt werden.
So gibt es nach der buddhistischen Auffassung zwei Wahrheitsebenen: die eine, welche die Erscheinung beschreibt, und die andere, welche ihr wahres Wesen ergründet. Die eine Wahrheit beschreibt den Fluß in seinem Lauf zum Meer und kommt zum Schluß: den Fluß gibt es. Der Buddhist vermag aber auch die verwirrende Frage zu stellen: «Kann man zweimal im selben Fluß baden?» Und der Fluß entschwindet uns – denn er ist ja weder das Wasser noch die Ufer... Das einzige, was wir – auch ohne buddhistisch zu denken – über den Fluß aussagen können, ist die Tatsache, daß er ein *Kontinuum* ist. Genau das sagt der Buddhismus über die Schöpfung: sie ist ein Kontinuum, sich ständig erneuernd, ständig vergehend, nie so existierend, wie wir sie benennen...
Ein Suchender, der den buddhistischen Weg geht, wird eines Tages der ganz großen Enttäuschung begegnen. Die letzte Täuschung, Sinnestäuschung, wird weggenommen – und was bleibt, ist NICHTS, das NICHT-SEIN: *Nirvāṇa.* «Nir» ist eine Negation, und «vāṇa» kommt von «wehen», das Verwehen also. Wo ist die Flamme, wenn die Kerze erloschen ist? Verweht. Wo ist der Sommer im Winter? Wohin geht die Dunkelheit, wenn das Licht aufleuchtet? Sie alle verschwinden, verwehen und sind doch – ohne in Erscheinung zu treten – gegenwärtig. Das folgende Gleichnis «erhellt» dieses «NICHTS», das «ALLES» in sich birgt.

Das Gleichnis von der erloschenen Flamme

Ein Mönchsschüler geht mit einer brennenden Butterlampe durch das Kloster und wird von einem Besucher gefragt: «Sag, Junge, wo kommt diese Flamme her?» Der junge Mönch betrachtet nachdenklich die Flamme, bläst sie aus und sagt: «Wenn du mir sagst, wo sie jetzt hingegangen ist, so werde ich dir sagen, wo sie herkommt.»
Wir können uns über diese brillante und gleichzeitig tiefsinnige Antwort freuen. Wo aber nun ist die Flamme wirklich hingegangen, die Flamme, die eben noch da war? Die Flamme ist jetzt in einem jenseits jeder Polarität liegenden Zustand, der als Nichts bezeichnet werden kann. Sie hat keine Qualitäten mehr. Es wäre unsinnig zu sagen, daß sie jetzt überall und nirgends, zeit- und raumlos oder unsterblich sei. Und doch gibt es die Flamme. Wie sonst könnten wir sie wieder entzünden, sie in die Schöpfung, also ins «Diesseits» zurückbringen? Aus der Sicht des Buddhismus sind Nirvāṇa, das «Verwehte», und Saṃsāra, das «Geschaffene», letztlich nur zwei Aspekte der «Einen Wirklichkeit».

Tibetische Bildmeditation

Die tibetischen Mönche kennen eine Meditationsübung, die veranschaulichen kann, was unter diesem «Leeren» verstanden werden soll. Die erste Phase der Übung besteht darin, sich eine religiöse Bilddarstellung ganz sorgfältig und in allen Details zu merken, das Bild gewissermaßen auswendig zu lernen. In einer zweiten Phase wird das so memorisierte Bild visualisiert, d. h. man läßt das Bild vor dem «inneren Auge» entstehen und versucht, es so lange und so intensiv wie möglich zu halten. Dabei soll man sich auch nicht den Bruchteil einer Sekunde ablenken lassen. Unser ganzes Sein muß in dieses Bild fokussiert werden; wir werden langsam identisch mit ihm. Subjekt und Objekt verschmelzen. In der dritten Phase wird die Imagination langsam und behutsam von außen her, von der Kontur her aufgelöst. Sie wird allmählich zum Verschwinden gebracht. So lange bis nichts mehr da ist – nichts außer unserer Präsenz, unserer Gegenwart, unserem *Sein* im Hier und Jetzt...
Das fällt uns äußerst schwer. Wir sind uns von unserer westlichen Erziehung her überhaupt nicht gewohnt, nur zu «sein», ohne gleichzeitig «jemand» zu sein. Aber um eben dieses nur im «Sein» erlebbare NICHTS geht es, wenn wir die Essenz der buddhistischen Lehre verstehen wollen: dieses Nichts, diese Leerheit ist das Tor zum unvorstellbaren zeit- und raumlosen Nirvāṇa.

Die Erfüllung der Lehre

In diesem Zustand des zeit- und raumlosen Seins ist die Lehre erfüllt. Leid braucht für die Entfaltung Zeit und Raum. Im unendlichen Hier und ewigen Jetzt ist kein Leid mehr möglich – aber auch keine Wonne und keine Seligkeit! Wären Wonne und Seligkeit die Eigenschaft des Nirvāṇa, so müßten sie enden wie alles, was ist, und würden schließlich zu Leid...

Der Wandel von der «Kleinen Lehre» (Hīnayāna) zur «Großen Lehre» (Mahāyāna)

Die ursprüngliche Lehre war sehr auf den Mönchsorden ausgerichtet, asketisch und, wie wir selbst haben feststellen können, elitär und wenig volkstümlich. Gewiß, keine Lehre dürfte populär sein, wenn sie gebietet, bei sich selbst und nur dort mit der Arbeit zu beginnen. Noch heute sind wir ja voller guter Ideen für unsere Mitmenschen, und wir wissen ganz genau, wer was besser machen müßte, damit wir das Paradies auf Erden hätten. Aber bei uns selbst beginnen? Bei uns selbst, da gibt es doch wohl kaum etwas zu verbessern...
So erlosch denn Buddhas Lehre bis zur Zeitwende beinahe ganz. Dann aber wandelte sich das ursprüngliche «Kleine Fahrzeug» zum «Großen Fahrzeug», zum Mahāyāna, wie es genannt wird. Der Gedanke der Nächstenliebe, des grenzenlosen Mitleidens *(karuna)* und der gütigen Zuwendung *(metta)* entstand. Die Idee gewann Raum, daß es doch Wesen geben müsse, die kurz vor der Vollendung nun den letzten Schritt ins Nirvāṇa nicht tun. Wesen, die freiwillig darauf verzichten, sich im Nirvāṇa zu erlösen, zu «verwehen», die statt dessen aus Mitleid mit allen noch erlösungsbedürftigen Kreaturen sich vornehmen, als «Buddhaanwärter» zu ihrem Wohle zu wirken.

95 • Der Boddhisattva Mañjuśrī. Er ist der «Hüter der Weisheit».

Durch diese Wandlung im buddhistischen Denken ist das Ideal des *Bodhisattvas* entstanden. Das «Kleine Fahrzeug» hat sich zum «Großen Fahrzeug» entfaltet.
Wenn wir überlegen, wieviel wir selbst von der uns zur Verfügung stehenden Zeit zur Lösung unserer eigenen Probleme benötigen – und wie wenig Zeit uns verbleibt, anderen zu helfen –, so können wir ermessen, wie weit wir noch vom Zustand eines Bodhisattvas entfernt sind. Viele Menschen kommen mit all ihren eigenen Problemen nicht zu Rande und sind auf fremde Hilfe angewiesen. Ein Bodhisattva hingegen ist ein Idealwesen, das keine persönlichen Probleme mehr kennt. Frei von allen eigenen Bindungen und voll warmen Mitgefühls für alle, die den Weg noch nicht gefunden haben, stellt er sich vollkommen selbstlos als «Helfer in der Not» zur Verfügung. Gautama Buddha selbst hat diesen Weg der menschlichen Entwicklung vorgelebt. Als Prinz Siddhārtha hat er alle irdischen Erfahrungen gesammelt, als suchender Asket hat er sich von seinen eigenen menschlichen Problemen befreit, als Erleuchteter hat er sein eigenes endgültiges Eingehen ins Nirvāṇa aufgeschoben, um sich in den Dienst der leidenden Menschheit zu stellen.
So hat sich im Laufe der Jahrhunderte ein transzendenter Himmel mit unzähligen «Wegbereitern» – oder eben Bodhisattvas – aufgetan, welche durchaus die Verehrung unserer christlichen Heiligen genießen. Hier wandelt sich der Buddhismus von einer mönchisch-asketischen Lehre zu einer eigentlichen Religion, zu einer Religion auch für das Volk. Die neuerstandenen Bodhisattvas kann man wie die alten Götter abbilden. Man kann ihnen Opfer darbringen; man kann sie lieben, verehren, anrufen. Man kann zu ihnen beten, sie in der Meditation visualisieren. Diese Bodhisattvas werden dadurch zu Brücken, zu Vermittlern oder eben zu Nothelfern.
In dieser gewandelten Form ist der Buddhismus im 7. nachchristlichen Jahrhundert auch nach Tibet gelangt und hat durch die Begegnung mit der dort herrschenden Bön-Religion eine ganz besonders interessante Ausprägung erhalten. Auf ihrem Weg ostwärts ist die «Große Lehre» über China schon vordem bis nach Japan gelangt. Im Zen-Buddhismus schließlich reinigt sich die Lehre wieder von dem Ballast, den sie auf der langen Reise angelagert hatte. Selbst das logische Denken, das vor allem in der ursprünglichen Lehre so prägend ist, wird über Bord geworfen: im Zen hat nur das undenkbare Paradoxon Geltung.
Nachzutragen wäre, daß das «Kleine Fahrzeug» (Hīnayāna) oder der Theravāda-Buddhismus – wie die ursprüngliche Lehre auch genannt wird – auf Ceylon, dem heutigen Śrī Laṇka, und in den meisten Ländern Hinterindiens bis heute lebendig geblieben ist. Er kennt noch immer keinerlei Ritual, und die Bettelmönche haben keine Funktion, sie sind einfach Vorbild für das gläubige Fußvolk. Der Vollkommene wird nicht zum Bodhisattva, der mitleidsvoll anderen hilft, sondern er wird ein Arhat, einer, der auf dem Weg ist, sich selbst zu erlösen.

Vajrayāna, das «Diamantene Fahrzeug»

Wir wollen nun den Buddhismus in seiner Form als «Großes Fahrzeug» auf seiner Fahrt in den Norden verfolgen, wo er sich im ganzen Himalaja-Gebiet und weiter bis tief in die Mongolei hinein ab Mitte des ersten Jahrtausends unserer Zeitrechnung ein weiteres Mal wandelte und zur tantrischen Ausprägung des Buddhismus, zum Vajrāyana, wurde.
In der sogenannten «Angereihten Sammlung» ist ein Zitat Gautama Buddhas festgehalten, das letztlich für alle späteren buddhistischen Schulen Gültigkeit hat: «Geht nicht nach Hö-

rensagen, nicht nach Überlieferungen, nicht nach Tagesmeinungen, nicht nach der Autorität heiliger Schriften, nicht nach bloßen Vernunftsgründen und logischen Schlüssen, nicht nach erdachten Theorien und bevorzugten Meinungen, nicht nach dem Eindruck persönlicher Vorzüge, nicht nach der Autorität eines Meisters! Nur wenn ihr selber *erkennt:* ‹Diese Dinge sind heilsam, sind untadelig, werden von Verständigungen gepriesen, und wenn sie ausgeführt und unternommen, führen zu Segen und Wohl›, dann möget ihr sie euch zu eigen machen. Was ich so gesagt habe, wurde eben mit Bezug hierauf gesagt.»

Welche Aussage könnte uns deutlicher ins Bewußtsein rufen, daß der Buddhismus kein Glaubensbekenntnis ist, sondern eine Erkenntnislehre. Wenn ein Schüler mit Hilfe des Lehrsatzes von Pythagoras seine Dreiecke berechnet, so tut er das nicht auf Grund seines Glaubensbekenntnisses zu dieser Lehre; er sieht aber die Zusammenhänge, erkennt die im Lehrsatz verborgene Logik und wendet sie an. Durch das Erkennen der Richtigkeit des Lehrsatzes wird die von Pythagoras formulierte Wahrheit zu seiner persönlichen Wahrheit. Er könnte sie weiterhin ohne Schwierigkeit anwenden, selbst wenn sich herausstellen sollte, daß – was übrigens heute als gesichert gilt – der Lehrsatz nicht von Pythagoras stammt.

Auf einer wissenschaftlichen Tagung über das Phänomen «Zeit und Raum», an der führende Physiker teilgenommen haben, sagte der anwesende *Dalai-Lama:* «Meine Religion ist nicht nur Liebe und gütige Zuwendung, sie ist auch die Religion des Atomzeitalters.» Diese für den westlichen Zuhörer völlig unerwartete, ja geradezu kühne Aussage eines Mannes, der als Hüter einer der ältesten religiösen Traditionen gilt, sorgte für Schlagzeilen in der Presse. Da ein Buddhist weder Dogmen noch Glaubensbekenntnisse vertritt, kann er ohne weiteres diese Aussage machen; genau wie die Wissenschaft beschreitet er konsequent den «Weg der Erkenntnis». Diese grundlegende, dem «Nichts» verpflichtete Einstellung hat es der buddhistischen Erkenntnislehre ermöglicht, im Laufe der geschichtlichen Entwicklung immer wieder neue Formen anzunehmen.

Das «Diamantene Fahrzeug» *Vajrayāna,* die dritte und späteste Form des Buddhismus, unterscheidet sich vom «Großen Fahrzeug» *Mahāyāna* vor allem darin, daß es – ähnlich wie der Śaktismus in Indien – die sexuellen Kräfte des Menschen auf dem Heilsweg miteinbezieht. Die *Śaktas* verehren die das Universum erhaltende Schöpferkraft, die sich auf der irdischen Ebene als sexuelle Kraft manifestiert. Die Symbolik des Śaktismus und des Tantrismus ist deshalb sexueller Natur, und die Gottheiten werden oft in sexueller Vereinigung dargestellt (tib. *Yab-Yum*).

Die grundsätzlich als geheim geltenden tantrischen Schriften kennen zwei Schulen: den Weg des *Vāmācāra* (Linskhändiger Weg), der die sexuelle Vereinigung der Gottheiten in der Form eines streng geheimgehaltenen Rituals physisch nachvollzieht, und den *Dakśhinācāra* (Rechtshändiger Weg), bei dem die Vereinigung auf rein geistiger Ebene vollzogen wird, die sexuellen Ausdrucksformen lediglich Symbole meditativer Prozesse sind. Der «Linkshändige Tantrismus» galt schon immer als gefahrvoll. Ohne äußerst strenge spirituelle Disziplin führt er mit Sicherheit nicht zur angestrebten Erfahrung der letzten Wirklichkeit, der Erleuchtung, sondern lediglich zu ungezügelten Riten und sexuellen Ausschweifungen.

Im tibetischen Buddhismus werden beide Schulrichtungen angewendet. Wir westlich erzogenen Menschen müssen uns erst von der Vorstellung befreien, daß Sexualität und ihr Umfeld sündhaft sei. Da der Buddhismus keinen Gott und damit keine wertende höhere Instanz kennt, fehlt im weitesten Sinne auch der christliche Sündenbegriff. Wohl aber gibt es «heilvolle» und «unheilvolle» Taten. Die heilvollen führen ins Göttliche, Ganze. Das Unheilvolle aber entfernt uns vom «Heilen», «Heiligen». So gesehen, müssen wir uns die Frage stellen, weshalb uns das tiefe Erleben der sexuellen Einheit zwischen Mann und Frau als «unheilvoll» erscheinen soll. Aus buddhistischer Sicht ist nur das gegenseitige Zufügen von Leid wirklich «unheilvoll». Ist diese Einsicht nicht ein Schritt auf dem «Weg der Erkenntnis»?

In der tibetischen Ausprägung des Buddhismus kommen zum Tantrismus weitere Elemente hinzu: die auf dem «Dach der Welt» herrschenden, vorbuddhistischen *Bön*-Religionen. Die Ursprünge der animistisch-schamanistischen Religionsformen dieses Bergvolkes lassen sich kaum mehr zurückverfolgen; zu sehr haben sie sich in den vergangenen 1700 Jahren dem Buddhismus angeglichen, sich von ihm gewissermaßen «spiegelverkehrt» abgesetzt. Die Ursprünge des alten magischen Bön-Glaubens lassen sich nur noch erahnen. Manche der alten Bön-Rituale hat der Buddhismus zwar in der äußeren Form übernommen, ihren Sinngehalt aber umgedeutet. Die Faszination der späten tibetischen Ausprägung des Buddhismus ist sein fast unerschöpflicher Reichtum an Ausdrucksformen. Seine Bilderwelt ist so vielfältig wie «der Sand im Ganges». Betrachtet man lediglich seine Ikonographie, ist er kaum in seiner Ganzheit zu erfassen. Geblieben ist die urbuddhistische Einsicht, daß alles nur Facetten der «Einen Wirklichkeit» sind, *Śūnyatā,* und das liegt jenseits jeder Begriffsbildung.

Die vier Lehrtraditionen im tibetischen Buddhismus

Bereits in einem früheren Kapitel haben wir erfahren, wie der Buddhismus in der ersten Hälfte des 7. nachchristlichen Jahrhunderts auf das «Dach der Welt» kam. Noch heute gibt es im wesentlichen vier Schulen oder Lehrtraditionen, die in ihren Ritualen und Auslegungen der Schriften zum Teil erheblich voneinander abweichen.

Die älteste Überlieferung ist die der *Nyingmapa,* was wörtlich «Schule der Alten» bedeutet. Sie tradiert die buddhistischen Lehren in der Form, wie *Padmasambhāva* sie im 8. Jahrhundert von Indien nach Tibet brachte. Als wichtigste Unterweisung betrachten die Nyingmapas das *Dsog-chen,* die «Große Vollendung», von ihren Anhängern als reinste und geheimste Unterweisung des Buddha Śākyamuni angesehen. Dsog-chen geht von der Grundannahme aus, daß der «nackte» oder «gewöhnliche» Geist seinem Wesen nach unbefleckt und rein sei. Seine unmittelbare Erkenntnis unterbricht den Kreislauf der Wiedergeburten. Die frühen Nyingmapas waren sowohl Laien als auch Mönche. Nach ihrer zeremoniellen Kopfbedekkung benannt, gehören sie zu der Gruppe der «Rotmützen».

Die zweite, den «Rotmützen» zugeordnete Schule ist *Kagyü* (ihre Anhänger sind die *Kagyüpas*). In dieser Schule wird eine der höchsten Lehren der *Vajrayāna* tradiert, das dem Zen-Buddhismus verwandte *Mahāmudrā,* «Großes Siegel». Als Meditationssystem wurde das Mahāmudrā vom indischen Meister *Tilopa* über *Naropa* und *Marpa,* zubenannt «der Übersetzer», an *Milarepa* überliefert. Die Übung beginnt mit dem auf Seite 144 beschriebenen *Śamatha,* dem «Meditationspfad zur geistigen Ruhe» und endet in der Erfahrung von Leerheit und absoluter Klarheit. Die Kagyü-Schule, insbesondere in ihrer Ausprägung als *Karma-Kagyü,* «Mündliche Übertragungslinie der Karmapas», gehört heute zu den erfolgreichsten buddhistischen Schulen im Westen.

Auch die *Śākya*-Schule steht in der Tradition der «Rotmützen». Sie ist nach dem im Westtibet gelegenen Kloster Śākya («Graue Erde») benannt. Fünf große Gelehrte, die alle als Inkarnation des *Bodhisattva Mañjuśrī* galten, begründeten die Lehrtradition im 12. und 13. Jahrhundert. Ihre berühmtesten Vertreter Śākya *Paṇḍita* und sein Neffe *Pagpa* wurden bereits in

einem früheren Kapitel erwähnt. Die bis zum heutigen Tag der *Khön*-Dynastie angehörigen «Thronhalter» *(Śākya-Trizin)* widmen sich vor allem den Lehren, die als *Lamdre*, «Weg zum Ziel», bekannt sind.
Der indische Gelehrte *Atīśa,* der seine letzten Lebensjahre (1045–1055) in Tibet verbrachte, begründete die Schulrichtung der *Kadampa*. Diese wurde nach der Reformation durch *Tsongkhapa* als letzte der vier Hauptschulen zur großen *Gelugpa*-Tradition, zur «Schule der Tugendhaften». Um sich von den nicht reformierten Traditionen abzusetzen, tragen die nach strengen Mönchsregeln lebenden *Gelugpas* gelbe statt rote Zeremonialmützen, was ihnen den Übernamen «Gelbmützen» eingetragen hat. Ihr Lehrgebäude basiert im wesentlichen auf den Kommentaren *Tsongkhapas* zur *Mādhyamika,* «Mittlerer Weg». Diese «Lehre von der Leerheit» *(Śūnyatā)* führt auf *Nāgārjuna* (2./3. Jh.) zurück. Berühmte Vertreter dieser Lehre waren *Candrakirti, Śāntirakśita* und *Kamalāśīla*. Mit dem «Großen 5. Dalai-Lama» im 17. Jahrhundert übernahm die *Gelugpa*-Schule auch die politische Führung des Landes.
Trotz dieser Vielfalt der Lehrmeinungen ist es unter den verschiedenen Schulen nie zu einer wirklichen Spaltung gekommen. Alle Schulrichtungen sind sich in der letzten Erkenntnis darin einig, daß das *Ziel das Erkennen der letzten Wahrheit ist und der Weg dahin Barmherzigkeit und liebevolle Zuneigung zu allen «Fühlenden Wesen»*.

Yudhiṣṭira und der Hund

Zum Abschluß dieser zum Teil sehr nüchternen theoretischen Erläuterungen möchte ich, wie versprochen, eine Legende aus vorbuddhistischer Zeit erzählen. Sie stammt aus dem Heldenepos *Mahābhārata* und hat für alle Zeiten Gültigkeit.
«Der große Held Yudhiṣṭira war mit sich ins reine gekommen, daß ihn auf dieser Welt nichts mehr zurückhalten könne. Er hatte alle Freuden, alle Macht, alle Ehren, die einem Menschen zuteil werden können, erlebt. Aber er war auch durch alle irdischen Höllen gegangen, hatte Armut, Knechtschaft, Verbannung und Demütigung am eigenen Leibe erfahren.
Am Ende seiner Lebensaufgabe angelangt, machte er sich auf seinen letzten Weg und wanderte in Richtung Himalaja, in der Hoffnung, vom höchsten Berg der Welt aus den Weg in den Himmel zu finden. Es folgte ihm seine Familie ein Stück weit, aber bald schon blieb einer nach dem anderen zurück. Der eine verdurstete in der Sonnenglut der Ebene, den zweiten raffte ein Fieber im tropischen Dschungel dahin, andere wieder wurden von Müdigkeit und Kälte übermannt, als sie in die eisigen Höhen aufstiegen. So wurde die Gruppe immer kleiner, bis Yudhiṣṭira schließlich ganz alleine war, gefolgt nur von einem kleinen, treuen Hund, der ihm in einem der letzten Dörfer nachgelaufen war. Als sie den Gipfel erreicht hatten, öffnete sich der Himmel, und Indra, der König aller Götter, trat heraus und hieß Yudhiṣṭira willkommen. Als er das feurige Himmelsgefährt besteigen wollte, um in den Himmel einzufahren, da sprang auch der kleine Hund auf den Wagen. Indra, der Himmelskönig, wehrte entrüstet ab und hieß Yudhiṣṭira, dieses verlauste Tier wegzujagen. Dieser hielt erschrocken inne und sprach: ‹O großer Herr, dieser Hund ist die einzige Seele, die in Treue zu mir gehalten hat und mir bis hierher gefolgt ist. Wie sollte ich ihn hier zurücklassen?›
Und es entspann sich ein großer Disput zwischen Yudhiṣṭira und dem Herrn des Himmels. Aber Indra ließ sich nicht erweichen, und Yudhiṣṭira hatte nur die Möglichkeit, den Himmel ohne Hund zu betreten – oder auf den Himmel ganz zu verzichten.

Da wandte sich Yudhiṣṭra ab und sprach: ‹Gern verzicht' ich, o Herr, auf einen Himmel, der nicht groß genug ist, als daß auch eine Hundeseele in ihm Platz fände!›
In diesem Moment geschah es, daß sich der kleine Hund in ein gleißendes Licht verwandelte und Yāma, der Gott des Todes und der Barmherzigkeit, vor ihm stand. Mit schwindenden Sinnen hörte er eine Stimme, die sagte: ‹Yudhiṣṭira, o Yudhiṣṭira, du Barmherziger, das war deine letzte Prüfung!› Und mit überschäumendem Jubel öffneten sich die Tore des wahren Himmels, und alles war Glanz und Herrlichkeit.»

Gibt es Brücken zwischen den Religionen?

Wenn wir Brücken zwischen den Religionen suchen, die wirklich tragen sollen, so werden wir sie im Äußeren nicht finden. Dieser Versuch wird von gutmeinenden Menschen immer wieder gemacht. Aber er führt unweigerlich zu billigen Zugeständnissen, zu Kompromissen und endet in einer Verwässerung aller Lehren.
Echte Brücken können wir nur finden, wenn wir uns nach innen wenden. Jede Religion trägt doch so etwas wie ein «unverfügbar Ewiges» in sich, ein Ewiges, auf das keine Religionsgemeinschaft ausschließlichen Anspruch erheben könnte. Dieses Ewige gehört allen und bildet gewissermaßen das gemeinsame Zentrum aller Religionen.
Man kann sich als Bild ein Rad mit Speichen denken. Die Speichen sind die Religionen – nach außen hin entfernen sie sich immer mehr voneinander, gegen die Radnabe hin nähern sie sich alle. Und ganz in der Mitte eines jeden Rades gibt es einen geradezu mystischen Punkt, der stillsteht. Das klingt völlig paradox. Aber wenn wir darüber nachdenken, muß es diesen Punkt geben. In diesem Punkt ist alles äußerlich Auseinanderstrebende eins. «Synthesis» hätten das die alten Griechen genannt. Hier liegt der Punkt der kompromißlosen Kommunikation, hier sind alle Speichen des Rades eins, *ohne* daß ihre Funktion nach außen dadurch aufgehoben oder verwischt würde. So führen die Brücken von Religion zu Religion über einen transzendenten Punkt, der allen gemeinsam ist. In dieser nur mit Intuition zu erfassenden Dimension, in dieser «Kommunikation der Tiefe», wie sie einmal genannt wurde, sind alle Widersprüche aufgehoben, ohne daß die Grenzen der großen Lehren und Weltreligionen verwischt würden.
Diese Kommunikation ist Stille, wortlose, begriffslose Stille.
Wenn wir nach einer gemeinsamen Sprache zwischen den Hochreligionen suchen, so finden wir auch diese: Ist es nicht die Liebe, die alles einschließende, universelle Liebe? Die in der Stille geborene, aus der Mitte unseres Seins fließende Liebe, ist das nicht die Sprache des Herzens, die von allen Menschen zu allen Zeiten verstanden wird?

96 • «Oṁ maṇī padme hūṁ.» Oṁ – Juwel im Lotos – hūṁ ist der Versuch einer freien Wiedergabe dieses Gebetes.
Das «Juwel» versinnbildlicht das männlich-aktive Prinzip in der Schöpfung und steht gleichzeitig für den «Weg», der mit «liebender Zuwendung» umschrieben werden kann.
Der «Lotos» symbolisiert das weiblich-passive kosmische Prinzip und bedeutet «Die höchste Weisheit».
Beides zusammen ist die Erfüllung der Lehre.

Die Tradition der Tulkus

Im tibetischen Buddhismus ist *Tulku* die Bezeichnung für eine Person, die als Reinkarnation einer zuvor verstorbenen Persönlichkeit angesehen wird. Die Tradition entwickelt sich aus der *Trikāya-Lehre* (siehe Seite 160), die davon ausgeht, daß Buddhas und Bodhisattvas immer von neuem menschliche Gestalt annehmen, um so helfend in den Erlösungsprozeß der Menschheit einzugreifen. So gelten die Dalai-Lamas als Inkarnationen des transzendenten Bodhisattva *Tschenresig* (skr. *Avalokiteśvara*), die *Panchen-Rimpotsches* gar als geistige Schöpfung des transzendenten Buddha *Amitābha*. Gleichzeitig sind sie jeweils die persönlichen Nachfolger ihrer eigenen früheren menschlichen Existenz.

Im hinduistischen Kulturbereich besteht die sehr alte Vorstellung, daß ein menschliches Wesen gleichzeitig auch die Inkarnation einer Gottheit verkörpern kann. In Tibet wurde diese Vorstellung im frühen 13. Jahrhundert durch den 2. Karmapa erstmals institutionalisiert. Nach dem Tode des Oberhauptes der Karma-Kagyü-Schule suchte man auf Grund genauer Anweisungen die Wiederverkörperung des Bewußtseinsstromes *(Namshe)* in einem kleinen Kind. Als dieses alle Prüfungen bestanden und auch Menschen aus seiner früheren Umgebung wiedererkannt hatte, war man davon überzeugt, den ersten *Karmapa* in einem neuen menschlichen Körper wieder unter sich zu wissen.

Die Tradition der Tulkus geht davon aus, daß ein hochentwickeltes Wesen nicht nur die Möglichkeit hat, den Zeitpunkt des eigenen Todes zu bestimmen, sondern auch die Kraft aufbringt, Ort, Zeit und Umstände der eigenen nächsten Wiedergeburt zu beeinflussen.

Im Laufe der Zeit haben sich einige hundert Tulku-Linien entwickelt, von denen heute eine ganze Reihe im indischen und westlichen Exil leben. Zum nicht geringen Erstaunen der Tibeter selbst haben es mittlerweile einige ihrer Großmeister vorgezogen, als weißhäutige Menschenkinder zu inkarnieren. So Lama *Thupten Yeshe*, der sich schon im Kloster Kopan in Nepal vornehmlich westlicher Schüler angenommen und vor allem in Europa eine ganze Reihe von Dharma-Zentren gegründet hatte. Drei Jahre nach seinem Tode ist er als Kind spanischer Eltern wiedergefunden worden. Sein geistiger Nachfolger, der kleine *Ösel Rimpotsche,* wird bis zu seinem Eintritt in sein angestammtes Kloster in Nepal in der Schweiz im tibetischen Zentrum *Rabten Chöling* in Le Mont-Pèlerin am Genfersee von seinem Privatlehrer erzogen. Ebenso ist *Trinley Rimpotsche,* ein ehemaliger Schüler des Altmeisters Kalu Rimpotsche, als Kind französisch-amerikanischer Eltern wiedergeboren und in Frankreich aufgefunden worden.

Auch der erste im Schweizer Exil gefundene und vom Dalai-Lama bestätigte Tulku, *Shiwalha Rimpotsche,* ist mit Beginn seines Schulalters von seinen tibetischen Eltern zur Erziehung in sein Stammkloster nach Indien gebracht worden. Tausende von Gläubigen werden ihm künftig huldigen, gehört der junge Shiwalha doch einer ganz berühmten Linie an: er ist die geistige Emanation des Lehrers *Śāntideva.* Im 7./8. Jahrhundert lehrte dieser an der Universität *Nālaṇḍa* in Indien und verfaßte einen sehr bedeutungsvollen, heute noch verwendeten Lehrtext: das *Bodhicaryāvatāra* («Eintritt in das Leben zur Erleuchtung»).

97 • Zeremonie bei der offiziellen Einführung der Wiedergeburt des Ew. Trijang Rimpotsche in sein Kloster Ganden im indischen Exil. Die Aufnahme entstand im Frühjahr 1988 im Tempel des «Labrang» des jungen Tulkus. In der Mitte steht der Stupa mit den Reliquien des vergangenen Trijang Rimpotsche, rechts davon ein Bild von ihm in seiner letzten Verkörperung. Darunter sitzt der Erzieher des Knaben, Lati Rimpotsche.

98 • Yongzin Trijang Rimpotsche, der reinkarnierte vormalige Tutor des Dalai-Lama (Foto 1988).

99 • Shiwalha Rimpotsche (Foto 1985), der erste kleine Tulku, der im Exil in der Schweiz gefunden wurde. Als geistige Emanation des berühmten Lehrers Śantidēva steht er in der Tradition der Gelugpas und wird seine religiöse Erziehung in seinem Stammkloster in Indien erhalten.

100 • Trinley Rimpotsche (Foto 1983) ist eines der vier Kinder, die der weißen Menschenrasse angehören. In seinem früheren Leben – damals ein Tibeterjunge – war er Schüler des Ew. Kalu Rimpotsche (Abb. 81), starb jedoch bereits im Alter von 16 Jahren. In einem nach seinem Tode eröffneten Brief brachte er seinen innigsten Wunsch zum Ausdruck, bald «wiederzukommen», um erneut in der Nähe seines geliebten Meisters zu weilen. Da dieser in Frankreich lehrte, suchte und fand man ihn in seiner unmittelbaren Umgebung als Kind weißer Eltern. Trinley steht in der Traditionslinie der Kargyüpas.

Das Rad des Werdens

Bhava-Tschakra, das «Rad des Werdens», auch «Lebensrad» genannt, gehört wie kaum ein zweites Bildwerk zur ikonographischen Tradition des *Vajrayāna* und schmückt meist eine neben dem Eingang liegende Außenwand des Tempels. Es ist gewissermaßen die bildlich dargestellte Essenz des «Diamantfahrzeugs», obwohl es nicht die Lehre selbst darstellt, sondern den leidhaften Kreislauf der Wiedergeburten, aus dem es sich zu befreien gilt.

Māra, die Verkörperung von Leidenschaft und Tod, hält das Rad des Lebens oder Werdens in seine Fängen. Alles Sichtbare innerhalb des Rades ist bedingt entstanden und muß deshalb vergehen: Menschen, Tiere, Geister, die höllischen Bezirke und die Daseinsbereiche der Titanen oder Halbgötter. Ja selbst die im obersten der sechs Daseinsbezirke thronenden langlebigen Gottheiten sind noch Gefangene der Auswirkungen ihrer guten Taten *(karma)* und ihrer edlen Tatabsichten *(saṃskāra).* Auch sie haben Anteil an dem sich in Ewigkeit drehenden Schicksalsrad *(Saṃsāra),* das alle noch nicht zur Erleuchtung gelangten Wesen durch «Verblendung», «Gier» und «Haß» selbst in Bewegung halten. Diese «Drei Gifte», wie sie genannt werden, sind die Ursache allen Leidens in allen Daseinsbereichen und sind im zentralen Feld als Hahn (Begierde), Schlange (Haß) und Schwein (Verblendung, Unwissenheit) symbolisiert.

Es ist dies die bildliche Darstellung der zweiten der «Vier Edlen Wahrheiten», die Buddha in seiner berühmten Lehrrede in Sārnāth der Welt verkündete. Wer diesen Grundübeln verhaftet ist, geht den unheilvollen dunklen Weg, der uns in unglückliche und schmerzliche Situationen führt, wie dies im zweitinnersten Ring zu erkennen ist. Wer jedoch den Heilsweg beschreitet, indem er den Anweisungen der Lehre des *Dharma* folgt, befindet sich auf dem Pfad der Glückseligkeit und steigt zu lichten Gefilden auf.

Wem es gelingt, die «Leerheit» *(śūnyatā)* aller Dinge zu erkennen, tritt auf die Nabe des Rades und ist erwacht aus den Trugbildern der Erscheinungswelt. So steht denn Buddha außerhalb des Rades (oben rechts) und weist mit ausgestrecktem Arm auf den vollen Mond, um so an die Nacht seiner Erleuchtung zu erinnern. Oben links im Bild ist das Symbol für die «Lehre» *(Dharma)* zu sehen. Diese Erkenntnis allein befreit vom leidvollen Zyklus des Werdens und Vergehens und überwindet so Geburt und Tod.

Der Außenring veranschaulicht in zwölf Bildern das «Bedingte Entstehen» (Konditionalnexus) und ist richtigerweise im Gegenuhrzeigersinn zu lesen: Der Tod bedingt Geburt, Geburt bedingt Zeugung, Zeugung bedingt Bereitschaft dazu. Die Zeugungsbereitschaft setzt Gier oder Durst voraus, was seinerseits die Möglichkeit sinnlicher Erfahrung voraussetzt. Das wiederum bedingt Sinnesorgane, die erst durch Bewußtsein und Tatabsicht aktiv werden. Hinter der Tatabsicht jedoch verbirgt sich Unwissenheit *(avydiā),* welche die letzte Ursache allen Übels ist.

101 • Bhava-Tschakra, das «Rad des Werdens» oder auch das «Rad des Lebens» genannt, gehört zum kanonischen Bildprogramm der buddhistischen Tempel.

Śamatha, der Meditationspfad zur geistigen Ruhe

Ein Adept bemüht sich um geistige Ruhe. Er hat sich entschlossen, den Meditationspfad zum «Heil» zu beschreiten. Vor ihm ist ein Elefant zu sehen und ein Affe. Der Elefant bedeutet Weisheit, der Affe steht für unser ständig von der Vergangenheit in die Zukunft und zurück springendes Denkorgan. Letzteres kann die nicht dualistische Gegenwart – das «Hier und Jetzt», in dem in Wirklichkeit alles geschieht – nicht erfassen. In wilden Sätzen folgt die noch nicht bewußte Weisheit den ebenso unbewußten, ungezügelten Gedankensprüngen. Elefant und Affe sind deshalb symbolisch schwarz angelegt.

Angefeuert durch «Die drei unschätzbaren Juwelen» (*Triratna:* Buddha, Seine Lehre, Seine Gemeinschaft), versucht der Adept, sein Denken zu beruhigen: Elefant und Affe widerspiegeln bereits den ersten Erfolg der Bemühung.

Auf der dritten Stufe erreicht der Schüler «Die Weisheit» mit seiner Fangschnur, die das Erinnerungsvermögen symbolisiert. Affe und Elefant drehen sich verwundert um. Gleichzeitig taucht eine neue flüchtige innere Unruhe auf, dargestellt durch einen auf dem Rücken des Elefanten sitzenden Hasen.

Auf der vierten Stufe gelingt es dem Adepten, sich vor den die Weisheit repräsentierenden Elefanten zu stellen. Er verweist den Affen – unseren inneren, unaufhörlich dahinplätschernden Dialog – an den Schluß. Er hat die Führung übernommen! Der geschwätzige, unruhige Affe klettert in einen Baum, um für den Adepten «Früchte der Tugend» zu pflücken. Aber auch diese letzte List hilft ihm nicht: Gedanken bleiben Gedanken, mögen sie noch so edel sein; auf dem «Pfad zur geistigen Ruhe» werden sie nicht mehr gebraucht. Der unruhige Hase verschwindet, und kurz darauf muß sich auch der Affe verabschieden. Seine Füße bleiben schwarz, da Gedanken nie ganz rein werden können. Der Dank des Adepten ist ihm jedoch gewiß, ist es doch unsere Unterscheidungskraft, die auf der Polarität, der «Zweiheit», aufbaut; sie läßt uns erkennen, daß es dazu eine letzte Polarität geben muß: die «Einheit».

So ist denn die «Große Übereinstimmung», der große Frieden erreicht. Rein und unbefleckt liegt der weise Elefant in tiefster Ruhe zu Füßen des meditierenden Schülers, der nun in höchste geistige Bereiche fliegt. Der Adept wird zur Weisheit selbst, im zeit- und raumlosen Zustand des reinen Seins.

Schließlich kommt er begeistert auf dem weisen Elefanten reitend zurück, um den Menschen von der Glückseligkeit des *Nirvāṇa* zu künden.

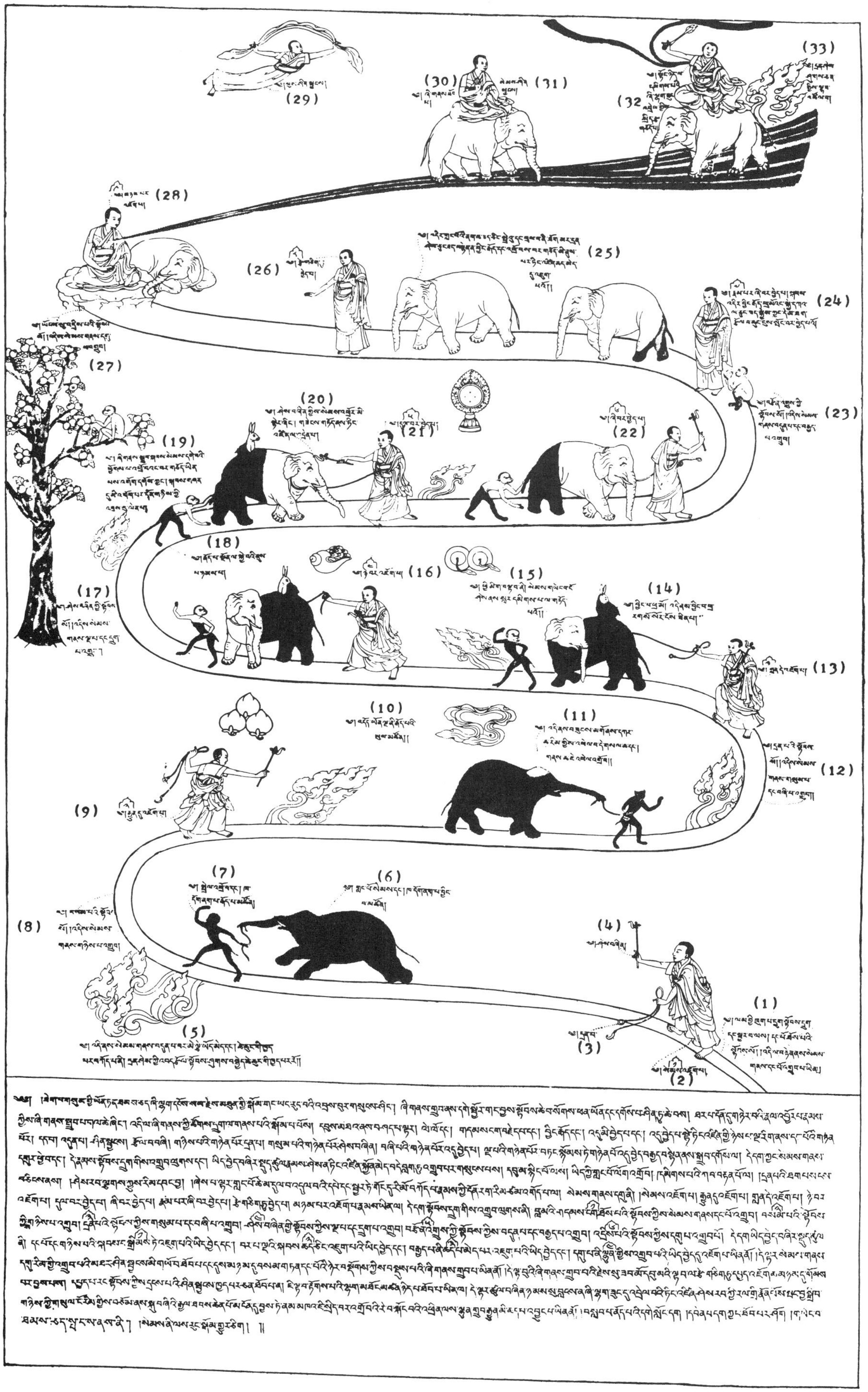

102 • Śamatha, der Meditationspfad zur geistigen Ruhe.

Der geheime tantrische Weg zur Erleuchtung

Die Mystiker Indiens haben die Evolution des Bewußtseins in sieben Zentren aufgegliedert und erkannt, daß die alles belebende kosmische Kraft *Ātman* im Scheitelpunkt unseres Kopfes in unseren Körper eintritt. Dort teilt sie sich in einen zweipoligen Energiestrom auf und durchfließt sieben Energiezentren: die sieben *Tschakra.*

Im untersten Zentrum *(Mūlādhāra)* angelangt, nennen wir diese vitale, lebenspendende Kraft Sexualität. Auf dieser Ebene beginnt der Tantriker mit seiner Arbeit. Die Formel heißt: «akzeptieren, integrieren, sublimieren».

Im zweiten *Tschakra (Svādhiṣṭhāna)* ist unser ganzes Verdauungssystem angesiedelt. Auch dieses gilt es mit speziellen Übungen und Meditationen zu beherrschen.

Ist der Yogi seiner unteren beiden *Tschakra* mächtig, so erwacht die Lebenskraft im dritten Zentrum, im «plexus solaris», dem Sonnengeflecht *(Maṇipūra).* Hier nun ist er im vollkommenen Besitz seiner Willenskraft.

Im vierten Zentrum, dem Herzzentrum *(Anāhata),* wird die reine Energie der Liebe lebendig. Herzensgüte, menschliche Wärme und Zuwendung ist keine «übersteigerte Willenskraft», sondern eine neue Qualität der «göttlichen Lebenskraft». Das *Anāhata-Tschakra* ist die eigentliche Mitte des Menschen.

Weiter steigt die Energie ins Zentrum der «Schilddrüse» *(Viśuddha).* Wer in diesem Kraftzentrum erwacht, ist auf dem Weg, die Illusion von «Zeit und Raum» zu überwinden. Er wird zum Künstler, zum Erfinder, zum «Genie». Es ist die Ebene der Kreativität.

Im sechsten Zentrum oder *Tschakra* endlich ist die Stufe des «Weisen», des «Propheten» erreicht. Dieses *Tschakra (Ājñā-Tschakra)* wird der «Zirbeldrüse» zugeordnet; mit dem «Dritten Auge» macht es hellsichtig. Bei den Kindern ist dieses Zentrum aktiv, aber unbewußt. Die amüsante kleine «Mechanik» auf der Darstellung gegenüber zeigt, daß im aktiven Zustand dieses Zentrums das unterste Zentrum «schläft». Während der Pubertät «erwacht» das unterste *Tschakra,* und das der kindlich unschuldigen Hellsichtigkeit schließt sich. Der Mensch wird zum Erwachsenen, jedoch noch unbewußten Menschen, der seine «unschuldige Kindheit» verloren hat. Wird diese Stufe durch höchste meditative Übungen bewußt wieder erworben, stürzen die «kleinen Teufel» ab – wie das Bild zeigt –, und der Yogi, der übende Tantriker, der Mensch auf dem Heilsweg, wird zum «Propheten», der den «Erlöser» oder die «Erlösung» bzw. die «Erleuchtung» verkündet. Das unterste Tschakra schließt sich endgültig. Die sechste Stufe ist die Stufe der Selbsterkenntnis.

Im siebten Zentrum, dem «Tausendblättrigen Lotos» *(Sahasrāra),* ist der Zustand der «Erleuchtung» erreicht *(Samādhi).* Die Lebenskraft ist zu sich selbst zurückgekehrt, diesmal bewußt und unverlierbar. Die siebte und letzte Stufe ist die Stufe der Gotteserkenntnis; das ist des Tantrikers Pfad zur Erleuchtung.

103 • Tantrische Darstellung der «Sieben Tschakras» oder «psychischen Kraftzentren».

104 • Ādi-Buddha Samantabhadra («Allumfassend Gut») in der Yab-Yum-(Vater-Mutter-) Position, welche die Unio Mystica, die höchste Vereinigung der Polaritäten, symbolisiert.

105 • Eine seltene Bronze des Bodhisattva Tschenresig in der Vereinigung mit seiner weiblichen Entsprechung, der Prājñā. Auch hier geht es um das Sichtbarmachen von etwas Unsichtbarem: Einheit. Im übertragenen Sinn hat Yab-Yum (Vater-Mutter) die Bedeutung von Methode (Yab) und Weisheit (Yum). Beides zusammen ist die letzte Erfüllung.

Der Ursprung der tantrischen Lehren liegt in Indien

Im tibetischen Buddhismus ist *Tantra* ein Oberbegriff für die Grundwerke des *Vajrayāna,* die in der tibetischen Übersetzung *Kangyur* und *Tengyur* heißen, was wörtlich bedeutet: «Übersetzung der Vorschriften» (des Buddha) und «Übersetzung der Lehre» (des Buddha). Davon soll hier jedoch nicht die Rede sein; vielmehr wollen wir dem Ursprung des Begriffes *Tantra* und dessen geheimnisumwitterter Bedeutung nachgehen. Die indische Form von *Tantra* gehört mit dem *Veda,* den *Upanishaden,* den *Pūraṇas* und dem 6. Buch des Mahābhārata, der *Bhagavad-Gītā,* zu den Grundlagen der «Ewigen Religionen» Indiens.
Die Bedeutung von *Sūtra* ist «Faden», «Leitfaden»; *Tan* dagegen bedeutet in Sanskrit «strekken», «dehnen», «dauern», «vollenden». Der Faden also dehnt sich zum Gewebe aus. In der Fachsprache des Webers heißt der Querfaden «Schuß» und der Längsfaden «Kette». Erst Schuß und Kette zusammen ergeben das Gewebe; ein sehr schönes Sinnbild für die Bedeutung von *Tantra:* das Zusammenführen der polaren Gegensätze zu einem Ganzen. Ausnahmslos alles in unserer Schöpfung besteht aus polaren Gegensätzen, und *Tantra* versucht mit allen nur denkbaren Mitteln diese Gegensätze zu überbrücken, zu vereinen.
Dieses Einswerden mit unserer ursprünglichen Identität, die gleichzeitig Ursprung und Quelle des Universums ist, sucht der Osten auf zwei polar entgegengesetzten Wegen zu erreichen. Der eine Weg ist uns aus dem Christentum und dem Hinduismus vertraut: die mönchische Askese. Durch Entsagung und Kasteiung versucht der Asket, sich von den Fesseln des Daseins zu befreien. Auch Buddha hat auf dem Weg zur Erleuchtung diese Phase – erfolglos! – durchschritten. Ganz im Gegensatz dazu schließt *Tantra* alles mit ein – unsere Gefühle, Triebe, Wünsche, Neigungen und Sehnsüchte – und empfiehlt uns, sie *bewußt* zu durchleben, um in der Erfüllung «tiefe Freude» *(Mahāsukhā)* freizusetzen. *Tantra* ist der Weg der Bewußtseinserweiterung über unsere sinnliche Erlebnisfähigkeit.
Hier sind wir erneut bei den vitalen Kräften des Menschen, bei seiner Sexualität, angelangt. Es gibt kaum einen Bereich in unserem Denken, der mit mehr Vorurteilen belastet wäre, mit mehr Tabus und konfusen Vorstellungen als gerade dieser: Faszination und puritanischer Schauder vermögen sich kaum die Waage zu halten! Nachdem diese Ambivalenz jedoch nur im menschlichen Verstand besteht – Tiere und Pflanzen leben ihre Sexualität völlig wertfrei aus –, sollten wir vorerst einmal versuchen, mit Hilfe eben dieses Verstandes über das, was wir Sexulaität nennen, ohne moralische Voreingenommenheit nachzudenken.
Aus allem was bisher dargelegt wurde, haben wir erkannt, daß die ganze Schöpfung aus einer Ureinheit – nennen wir sie Gott, *Nirvāṇa* oder *Śūnyatā* – heraus entstanden ist. Aus dem «paradiesischen» Zustand der dimensionslosen Mitte, der «Nicht-Zweiheit», wie sie in der indischen Vedānta-Philosophie genannt wird, sind wir in die «Zweiheit» gestürzt, in eine Welt der Formen, in der alles aus polaren Gegensätzen besteht: in die materielle Welt. Die Bibel lehrt uns, daß wir aus dem Paradies vertrieben worden sind, weil wir verbotenerweise von der Frucht vom «Baum der Erkenntnis» gegessen haben; tatsächlich braucht der Mensch die Welt der Sinne und der Formen, um *erkennen* zu können. Der buddhistische Heilsweg aber fordert uns auf, den «Weg der Erkenntnis» zu beschreiten, um das Heile, die Mitte wiederzufinden. In einem oft zitierten tantrischen Text *(Hevajra-Tantra)* heißt es doppelsinnig: «Man muß durch *das* steigen, durch welches man auch fallen kann.»
Schauen wir uns in der Welt um, können wir erkennen, daß ihr Gesetz Bewegung ist, Bewegung auf eine unsichtbare Mitte zu. Es ist, als sei unsere innere Antriebskraft die große Sehnsucht nach dem verlorenen Selbst. Jeder Wassertropfen sucht den Weg zurück zu seiner eige-

nen Identität. Er fällt vom Himmel, fließt als Rinnsal, als Bach, als Fluß, als Strom schließlich zurück zum Meer, zu seinem mütterlichen Ursprung. Jedes Kind kreist um die Mitte seiner Herkunft, seiner Familie, und es sehnt sich nach mütterlicher Geborgenheit. Selbst der Gesang der Vögel an einem klaren Frühlingsmorgen scheint ein sehnsüchtiger Ruf, ein Ausdruck des Verlangens nach Einheit mit einem Artgenossen.

Diese Sehnsucht, dieses letztlich immer unstillbare Verlangen nach der verlorenen Einheit – sind es nicht diese beiden Dinge, die die Welt in Bewegung halten, die wir zugleich Sexualität nennen?

In dieser Dimension ist Sexualität eine die Welt bewegende Lebensenergie. Wenn in *Tantra* von dieser «Sex-Energie» gesprochen wird, ist immer diese Vitalkraft, die Lebenskraft selbst gemeint. Seit dem 4. Jahrhundert haben sich im Hinduismus und im Buddhismus Yoga-Techniken entwickelt, die bewußt mit der Sexualenergie arbeiten.

Im Abschnitt über das «Diamantene Fahrzeug» sind bereits die beiden Schulen beschrieben: die «rechtshändige», die mit der sexuellen Kraft nur auf imaginäre Weise umgeht, und die «linkshändige», die den Koitus (Maithūna) als geheimes, heiliges Ritual kennt. In diesem Zusammenhang sei in der Folge kurz die Rede von den indischen *Devadāsī,* den Tempeldienerinnen, und den *Gotipua,* den «schönen Knaben».

Der «Linkshändige Tantrismus» und die Tradition der Gotipua-Tanzknaben

In Orissa (Indien) gibt es noch heute zwei Tanzmeister, welche mit ihren *Gotipuas* (Knaben, die als Mädchen verkleidet vor den Tempeln die Tänze der *Devadāsīs* mimen) durchs Land ziehen.

Diese wohl einzigartige Tradition hat einen langen geschichtlichen Hintergrund: Zu Ende des ersten Jahrtausends herrschte im heutigen Gliedstaat Orissa die *Bhauma*-Dynastie, deren Fürsten sowohl buddhistische Klöster als auch *śakta-tantrische* und *śivaitische* Tempel errichteten. Die einflußreichen Fürstinnen betrachteten sich mitunter selbst als Inkarnationen *Pārvatīs,* der Gemahlin Śivas, und trugen viel zur Gründung geheimer tantrischer Einweihungsstätten bei. Der «Tempel der 64 Yōginīs», nahe dem kleinen Dorf *Hirapur,* wird auf die Fürstin Hirā Mahādevī zurückgeführt.

Der Tempel ist kreisrund angelegt und öffnet sich nur gegen Osten mit einem *yoni*artigen Eingang (yoni, weibliches Geschlechtsorgan als kosmischer Schoß), der rechts und links von je einer *Śiva*-Skulptur mit erigiertem Phallus bewacht wird. Im Kreisrund des Innern finden sich 64 Nischen, in welchen ebenso viele *Yōginīs* die «64 Stellungen des Genusses» (skr. *Ratibandha*) darbieten. Wie in einem *Maṇḍala* befindet sich in der Mitte ein quadratischer «Palast»: vier Mauern mit einer Pforte in jeder Himmelsrichtung. Die «fünfte Himmelsrichtung», die Mitte, ist der «geheime Ort», an welchem sich die Grundpolarität alles Erschaffenen in der «Großen Einheit» auflöst. Im innersten Kreis dieser «linkshändigen» tantrischen Kultstätte ließen der Adept und die *Devadāsī* ihren männlichen und weiblichen «geheimen Ort» ineinander verschmelzen *(Maithūna),* um so in tiefer Meditation die «Große Wonne» *(Mahāsukā)* in ihrer höchsten Form zu erleben.

Der Palast ist zum Himmel hin offen; desgleichen soll sich auch das in der geheimen Mitte, das in den «geheimen» schöpferischen Organen des menschlichen Körpers rituell vereinigte Paar gegenseitig nicht als Mann und Frau, sondern als schöpferisches männliches und empfangendes weibliches kosmisches Prinzip betrachten. Über den Weg der großen Wonne des körperlichen Orgasmus soll die geistige «Große Wonne» der Einswerdung mit dem schöpferischen Urprinzip erreicht werden.

Wie leicht ein solches Ritual pervertieren kann, liegt auf der Hand. In der Öffentlichkeit galten die *Devadāsīs* schlechthin als Prostituierte. Selbst die zeitgenössische Fachliteratur nimmt sich kaum je die Mühe, dem geistigen Ursprung dieser «linkshändigen» Rituale nachzugehen. Leichthin wird von Tempelprostitution gesprochen, obschon für Prostitution im üblichen Sinne weder *Devadāsīs* noch Tempel benötigt worden wären. Tempeltänzerinnen oder «Gottessklavinnen», wie die *Devadāsīs* auch genannt wurden, durften öffentlich nicht auftreten. Um die Neugierde der nicht eingeweihten Bevölkerung zu befriedigen, verfiel man auf die skurrile Idee, diese Tänze durch verkleidete Knaben imitieren zu lassen, die in ihrer kindlichen Unschuld rührend anmuteten. Nur diese «engelhaften» Wesen durften dem Volk diese geheimnisumwitterten Tempeltänze vorführen.

106 • Der «Tempel der 64 Yōginīs» bei Hirapur im indischen Gliedstaat Orissa ist eine der seltenen Kultstätten, wo im 11./12. Jahrhundert die höchst geheimen sogenannten «linkshändigen» tantrischen Initiationen stattgefunden haben. Was in der tibetischen Ikonographie mit Eindrücklichkeit symbolhaft dargestellt wird, wurde hier als heiliges Ritual zwischen den Tempeltänzerinnen, den Devadāsīs, und den Adepten physisch vollzogen.

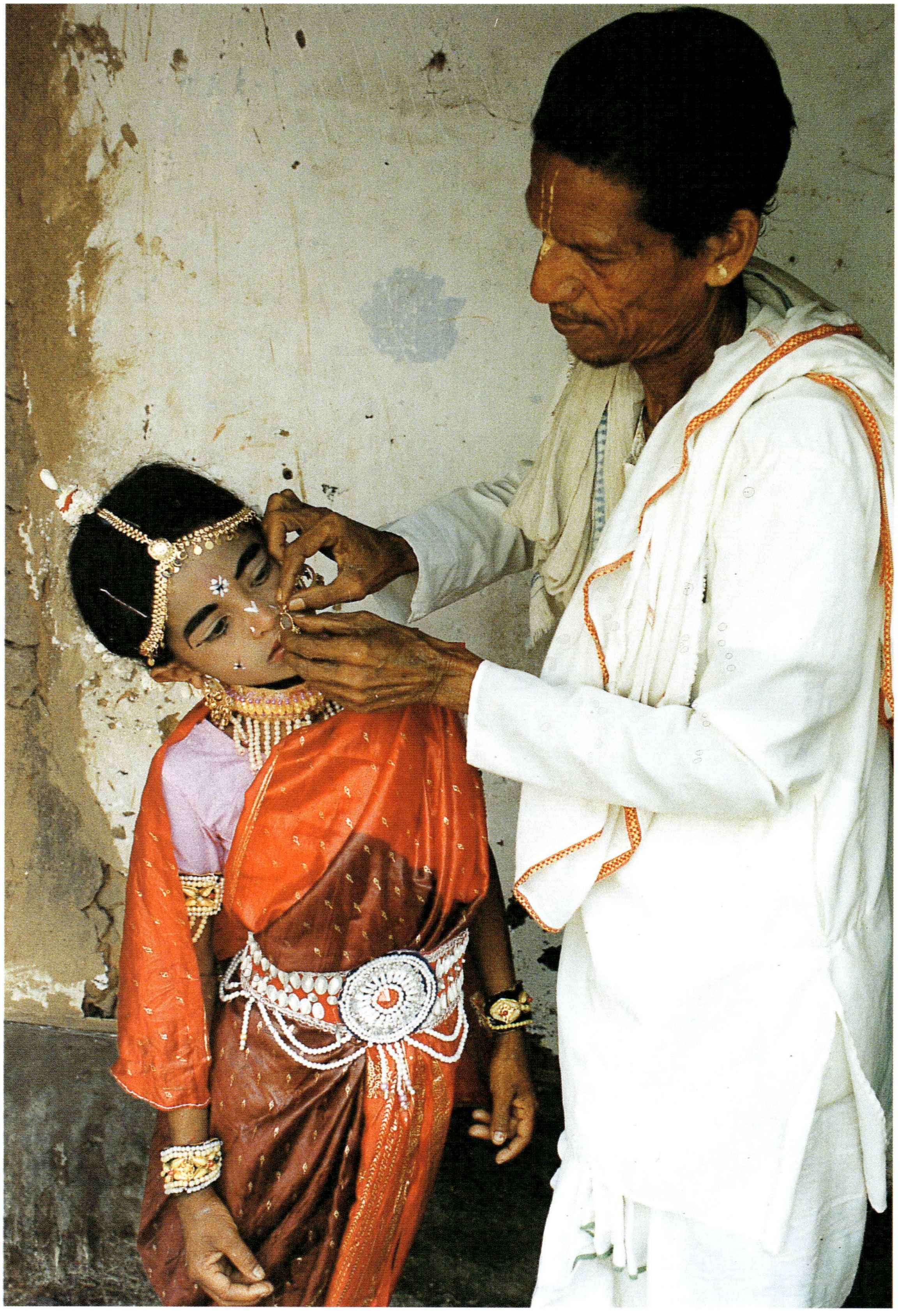

107 • Da die Tempeltänzerinnen als Prostituierte, als die man sie in der Öffentlichkeit nahm, nicht vor dem Volk auftreten durften, entwickelte sich die wohl einmalige Tradition, daß an ihrer Stelle als Mädchen gekleidete Tanzknaben, die Gotipuas, im Tempelvorhof die geheimen Tänze der Devadāsīs mimten. Da die «Buben-Mädchen» als «himmlische, ungeschlechtliche Wesen» erscheinen sollen und während des Tanzes mit engelhafter hoher Stimme singen, können sie ihrer Rolle nur bis zur Pubertät genügen. Hier bereitet der Tanzmeister – selbst ehemals ein Tanzknabe – seinen Gotipua auf den Auftritt vor.

108 • Heute gibt es noch zwei Tanzmeister in Orissa, die mit ihren beiden Knaben – einem älteren und einem jüngeren – durch das Land ziehen. Singend tanzt hier der ältere Junge, während der jüngere und der Tanzmeister zuschauen.

109 • Zur Unterhaltung des Publikums gehören recht anspruchsvolle akrobatische Einlagen.

Maṇḍala, der Weg zur Mitte

Ein Maṇḍala ist eine symbolische Darstellung des Universums, ein «Kosmogramm». Da alles Erschaffene und damit alle Geschöpfe ausnahmslos Teil des Universums sind, ist dieses Abbild des Kosmos gleichzeitig auch Abbild des Menschen in seiner gesamten seelischen Struktur, ein «Psychogramm» also.

Auf tibetisch heißt Maṇḍala *Kyil-khor,* «Zentrum-Peripherie». Jeder Kreis, jede Kugel besteht aus Zentrum und Peripherie. Während der Umfang – wie alles sinnlich Erfahrbare – zeiträumlich definiert wird, bleibt die Mitte, das Zentrum letztlich ein Mysterium. Zwar umkreist der Umfang die Mitte, diese selbst jedoch liegt jenseits jeder Begriffsbildung, sie *ist* einfach: zeitlos, raumlos, unvorstellbar. Diese geheimnisvolle Mitte in ihrer unfaßbaren Vollkommenheit ist in allen Kulturen seit jeher ein Symbol für Gott. Im tibetischen Buddhismus steht sie für *Śūnyatā,* das Unbenannte, Leere, Eigenschaftslose: Anfang und Ende allen Seins.

Aus der Mitte entsteht alles, zur Mitte kehrt alles zurück. In seiner Bildsprache ist das Maṇḍala eine Art Landkarte zum Verständnis des ganzen Universums und gleichzeitig unserer inneren Seelenlandschaft.

Jeder Mensch sucht sich seinen eigenen Weg zu sich selbst. Die Weltgesetze aber, nach denen dieser Weg verläuft, bleiben immer dieselben. Trotz ihrer Verschiedenheit sind alle Maṇḍalas nach gleichen Prinzipien aufgebaut: drei den Kosmos symbolisierende Kreise umschließen einen irdischen, viereckigen «Palast», der vier Tore aufweist, die «fünfte Himmelsrichtung» liegt in der Mitte, dort, wo sich die Spitzen der vier Dreiecke berühren. Da ein Maṇḍala dreidimensional gedacht wird, ist diese Mitte die Spitze einer auf quadratischem Grund liegenden Pyramide. Die vier Eckpunkte vereinigen sich konsequent in ihrer Spitze, die somit die *quinta essentia,* die Quintessenz der Welt und des Menschen darstellt.

Der erste Kreis, den der Mensch auf seinem Weg zu sich selbst durchschreiten muß, besteht aus Feuer, das reinigt und verwandelt. Im westlichen Denken kennen wir Phönix, der aus der Asche ersteht. Bei einigen Maṇḍalas, die in einen furchterregenden Aspekt einer Gottheit initiieren, ist vor dem Feuerkreis noch ein Leichenacker zu durchschreiten: «Stirb und werde!» Der zweite kosmische Kreis ist klar und hart und unzerstörbar wie ein Diamant *(Vajra);* er bedeutet das rein Geistige, den «Nackten Geist», wie die Tibeter das auch nennen. Der dritte, der Lotoskreis, meint die geistige Wiedergeburt.

Nun steht der Adept vor dem irdischen viereckigen Palast mit seinen vier Toren, die ihrerseits von «Hütern der Schwelle» bewacht werden. Je nach der Art des Maṇḍalas beginnt jetzt die eigentliche Initiation oder Einweihung, die immer von einem «Geistigen Lehrer» (tib. *Lama,* skr. *Guru*) begleitet wird und mit einer speziellen «Ermächtigung» des Adepten endet.

110 • Im «Paro-Dzong», West-Bhutan, ist im Innenhof des Klosters dieses kosmische Maṇḍala zu sehen. Es ist ein Abbild des Universums im Werden, ein Bild der ersten Weltentstehung. Aus dem geheimnisvollen «Nichts» der Mitte entsteht ein kosmischer Wirbel, dessen Energie sich in einer Art «Schockwelle» nach außen überträgt. Die werdenden Formen der Elemente sind im blauen Ring nur angedeutet. Der Raum ist gefüllt mit «Äther», dem Samen aller Elemente, noch jeglicher Form bar. Die sich konzentrisch überschneidenden farbigen Bahnen – sind es Gestirne, sind es Elektronen? – umkreisen den Mittelpunkt. Eine rote Feueraureole schließt das Maṇḍala nach außen hin ab.

111 • Vajrabhairava-Maṇḍala. Ein Maṇḍala, das uns mit der «rasenden» oder «zornvollen» Form des Bodhisattvas der Weisheit, Mañjuśrīs, vertraut machen soll. Wir sehen ihn in der Mitte oben, in seiner friedvollen Form. Wird man in den zornvollen Aspekt eines Bodhisattvas initiiert, so ist der äußerste Kreis, den man zu durchschreiten hat, ein Leichenacker. Erst dann folgt der «Feuerkreis», wie bei allen anderen Maṇḍalas, gefolgt vom diamantharten und klaren «Vajrakreis». Mit dem Durchschreiten des «Lotoskreises» sind wir im Innern der Kreise und stehen vor dem «Palast», der vier Tore aufweist. Die Tore sind von Torhütern bewacht, mit denen wir erst vertraut werden müssen, damit wir uns der Mitte nähern können.

112 • Neun verschiedene Maṇḍalas aus Paro-Dzong, Bhutan.

113 • Amnata-Maṇḍala. Alle Maṇḍalas sind im Grunde dreidimensional gedacht. Hier können wir uns, von oben gesehen, leicht eine Pyramide vorstellen.

Die Trikāya-Lehre

Der frühe Buddhismus war ein reines Erkenntniskonzept. Der historische *Buddha-Śākyamuni* lehrte eine *Methode,* die zur *Erkenntnis* führt, zur Erkenntnis nämlich, dass alle Erscheinungsformen ihrem Wesen nach «leer» sind, daß alles im Wandel, im Fluß ist und daß der Prozeß des Fließens selbst keinen Eigenbestand hat.

In der ersten Entfaltungsphase vom *Hīnayāna-* zum *Mahāyāna-*Buddhismus gingen die großen buddhistischen Denker (z. B. *Nāgārjuna,* Schöpfer des *Mādhyamika* oder «Mittleren Weges», 2./3. Jh. n. Chr., und dessen Schüler *Aryadeva*) dazu über, das adjektivische «leer» *(śūnya)* zur substantivischen «Leerheit» *(śūnyatā)* zu erheben. Damit war die Grundlage für einen transzendenten Überbau, die nihilistische Philosophie des *śūnyavāda* geschaffen, was dem frühen Buddhismus vollkommen fremd gewesen war. Dieser transzendente Überbau findet in der «*Trikāya*-Lehre» («Drei-Körper-Lehre») ihren Niederschlag.

Der *Dharmakāya* («Körper der Lehre») entspricht der frühesten Auffassung der Lehre Buddhas. Der der Spitze der Pyramide zugeordnete *Ādi-Buddha* ist jenseits jeder Vorstellung, zeitlos, unvergänglich, ohne jede Dualität. Im Gegensatz zum *Hīnayāna* wird dieses Letzte jedoch positiv (*das* «Leere») und nicht negativ («leer») gewertet. Der *Dharmakāya* wird durch Weisheit *(Prājñā),* durch unmittelbare Einsicht in das wahre Wesen der Welt, erreicht und ist das kosmische Bewußtsein, das Eins-Sein, das jenseits aller Begrifflichkeit liegt.

Der *Saṁbhogakāya* («Körper des Entzückens») wird im Mahāyāna durch den transzendenten Buddha *Amitābha* («unermeßlicher Glanz») repräsentiert, der im «Paradies des Westens» herrscht. Es gilt als Zwischenreich auf dem Weg zur Erleuchtung.

In Japan hat sich aufgrund dieser Annahme ein Glaubensbuddhismus entwickelt, der nicht mehr davon ausgeht, daß uns unsere Taten *(Karma)* weiterführen, sondern unser Glaube an Buddha *Amitābha* (sog. Amidismus). Im tibetischen Buddhismus ist der *Saṁbhogakāya* in allen «fünf» Himmelsrichtungen (die Mitte wird als Ausgang der Kardinalrichtungen mitgezählt) mit Buddhas und Bodhisattvas besetzt. Wie bei einem Maṇḍala steht der Betrachter im «Osten» (blau) und blickt gegen «Westen» (rot). Der «Süden» liegt links (gelb) und der «Norden» rechts (grün). Der Mitte ist – als Ausgangspunkt und Zusammenfall aller Farben – Weiß zugeordnet. Im roten Westen, unter dem Buddha *Amithāba,* ist der *Bodhisattva Avalokiteśvara* angesiedelt (tib. *Tschenresig*) und stellt das geistige Prinzip der DALAI-LAMAS dar. Die Buddhas und Bodhisattvas haben neben ihrem friedvollen Aspekt alle noch eine «zornvolle» oder «rasende» Form und eine «friedvolle» oder «rasende» Entsprechung als weibliches Prinzip *(Prājñā).* Der praktizierende Buddhist des «Diamantfahrzeuges» wählt sich meist eine dieser vielen Bodhisattvas als persönliche Schutzgottheit *(Yidam)* aus.

Der *Nirmāṇakāya* schließlich, der «Körper der Verwandlung», ist die physische Erscheinung der Buddhas und Bodhisattvas in unserer Welt. Sie erscheinen den Menschen, um ihren Entschluß zu erfüllen, alle Wesen zur Erlösung zu führen.

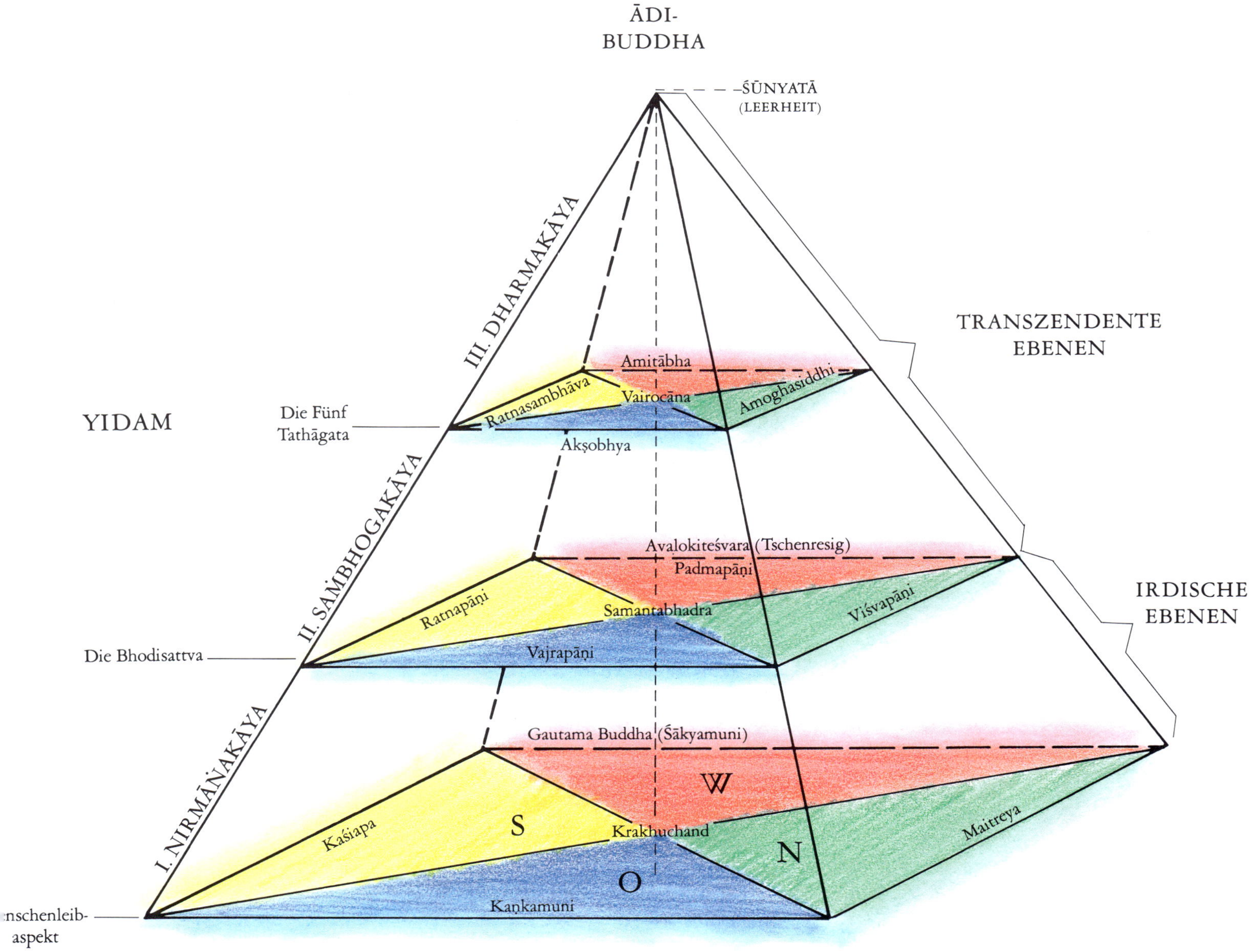

Die «Drei-Körper-Lehre» («Trikāya») und die Symbolik der Zahl «Fünf»

In der grafischen Darstellung der «Trikāya-Lehre» verkörpert die Spitze der Pyramide die Zahl Fünf. Sie vereinigt in sich die viereckige Grundfläche und ist gleichzeitig ihr Ausgangspunkt. Die Spitze endet in NICHTS (Śūnyatā), und aus diesem durch «Ādi-Buddha» symbolisierten NICHTS entstehen «Himmel und Erde», d. h. die transzendenten Ebenen Dharmakāya und Saṁbhogakāya einerseits und die irdische Ebene, Nirmāṇakāya, andererseits.
Die Sprachen der westlichen Kulturen kennen noch den Ausdruck «Quintessenz», wenn es darum geht, das Wichtigste einer Sache zu bezeichnen. Die «quinta essentia» (lat.) heißt denn auch «fünftes Seiendes». So kennt die späte Form des Buddhismus beispielsweise fünf Himmelsrichtungen, in dem man in der Mitte beginnt und diese als «fünftes Seiendes» mitzählt. Auch fünf Elemente gibt es, wo wir nur vier kennen: Erde, Wasser, Feuer, Luft und – «Äther» oder «Essenz», das «Fünfte», aus dem alles wird. So gilt auch Weiß als die fünfte Farbe, als «quinta essentia» gewissermaßen von Blau, Gelb, Rot und Grün und ist ikonographisch konsequenterweise der Mitte zugeordnet, während je eine der Grundfarben einer Himmelsrichtung zugehört.

114 • Grüne Tārā. In dieser speziellen Ausprägung ist sie die «Retterin vor der Furcht vor Gefängnissen». Sie ist liebevoll und gütig und sendet gar einen Vogel hinter die Gefängnismauern, um einem gepeinigten Gefangenen die Fesseln zu lösen.

115 • Gewissermaßen als Schatten der liebevollen, gütigen weiblichen Gottheiten hier die rasende Pëlden Lhamo, die, über einen Blutsee reitend und auf Kinderhäuten sitzend, die Pest verbreitet. Wo Licht ist, ist Schatten! Diese Tatsache macht uns der tibetische Buddhismus immer wieder bewußt. Erst wenn wir auch den Schatten kennen, uns mit ihm befreunden, ihn als Schutzherrn oder Schutzherrin anrufen, erst dann kennen wir die ganze Wahrheit und sind befreit. In diesem Sinne ist die schreckliche Pëlden Lhamo die Schutzpatronin von Lhasa.

116 • Eine Rote Dākinī in der Form der Khachö Wangmo. Sie ist eine Art Himmelsfee aus vorbuddhistischer Zeit, welche mit ihren unverhüllten weiblichen Reizen die Libido anspricht, um diese Energien dann durch die himmlischen Sphären zu einem der transzendenten Buddhas, zu dem sie speziellen Zugang hat, zu leiten.

117 • Mit der Maske eines wilden Schneelöwen und in eine Flammenaureole gehüllt, rast die Rote Dākinī in der Form der Seng-dong-ma durch die kosmischen Räume. Als Dämon verkleidet, ist sie auf ihrer Reise vor Dämonen geschützt! Auch hier ist der tiefere Sinn das Finden der Einheit durch das Schließen der Polarität.

118 • Bodhisattva Padmāpaṇi, der Lotosgeborene. Er verkörpert «Karuṇā», liebende Zuneigung und tätiges Mitgefühl zu allen «fühlenden Wesen». Er ist eine Form des im ganzen Mahāyāna-Buddhismus hochverehrten Avalokiteśvara, auf tibetisch Tschenresig. Die Dalai-Lamas sind ihrerseits Verkörperungen dieses Bodhisattvas. «Erbarmen und tätiges Mitgefühl» ist der Weg, und Prājñā, das «Erkennen der höchsten Weisheit», ist das Ziel.

119 • Mañjuśrī ist der Bodhisattva der Weisheit und damit eine der wichtigsten Gestalten des buddhistischen Pantheons. Wenn Padmāpaṇi der Weg ist, ist Mañjuśrī das Ziel. Hier reitet er auf dem Schneelöwen. Meist aber ist er mit einem Schwert abgebildet, mit welchem er die Unwissenheit zerstört. Während der rasende Aspekt des Padmāpaṇi der «Große Schwarze» (Mahākāla) ist, so ist es bei Mañjuśrī der auf der folgenden Seite abgebildete büffelköpfige Yamāntaka.

120 • Das negative Entsprechungsbild des weisheitsvollen Mañjuśrī ist Yamāntaka, der Fürchterliche, büffelköpfig in einem Flammenmeer einherrasend, um «dem Herrn des Todes» ein Ende zu bereiten. Zuoberst, über den Hörnern, erkennen wir noch tröstlich das Gesicht seines friedvollen Aspektes.

Das Totenbuch der Tibeter

«Wie unter allen Fußspuren die des Elefanten die mächtigste ist – so ist unter den Meditationen der Achtsamkeit jene über den Tod die erhabenste.» (Sūtra vom Eingehen des Buddha ins Parinirvāṇa)

Unter den geheimen Lehren Tibets finden wir Überlieferungen, die sich mit dem Zustand zwischen dem physischen Tod des Menschen und seinem neuen Erdenleben befassen. Diese aus dem 8. Jahrhundert stammenden Schriften, deren Bedeutung erst in den vergangenen Jahren von den Sterbeforschern in ihrer ganzen Tragweite erkannt worden ist, zählen wohl zu den wertvollsten Texten, die östliche Traditionen uns westlichen Menschen geschenkt haben. Das Totenbuch der Tibeter gehört wahrscheinlich zu den im 14. Jahrhundert wiederentdeckten *verborgenen Schriften (Terma);* es wird dem großen Weisen Padmasambhāva zugeschrieben. Die erste deutsche Übersetzung ist 1935 erschienen. *C. G. Jung* schreibt in seinem Vorwort dazu: «Die Philosophie des Bardo Thödöl ist die Quintessenz buddhistischer psychologischer Kritik und als solche – man kann wohl sagen – von unerhörter Überlegenheit.»
Bar-do heißt *zwischen zwei* oder *Zwischenzustand,* und *thödöl* ist *Befreiung durch Hören.* Der *Bardo Thödöl* also ist ein eigentliches Mysterienbuch, das uns Schritt für Schritt Anweisungen gibt, wie wir uns im Zwischenbereich Tod und Wiedergeburt zu verhalten haben, um zur endgültigen Befreiung zu gelangen.
Die Reise ins *Jenseits* beginnt mit dem letzten Atemzug. Der neben dem Sterbenden sitzende Geistliche *(Lama)* beobachtet, wie *das Element Erde im Wasser versinkt, das Element Wasser im Feuer aufgeht, das Element Feuer sich in Luft auflöst und das Element Luft in den leeren Raum eingeht.* Damit hat der Mensch sein Leben ausgehaucht und seine körperliche Hülle verlassen. Der 49 Tage dauernde gefahrvolle Weg durch den Zwischenzustand *(Bardo)* hat seinen Anfang genommen. Das von seinem physischen Körper abgelöste menschliche Wesen kommt nach einer kürzeren oder längeren Phase der Ohnmacht wieder zu Bewußtsein. Es «erwacht» im *Bardo* und fühlt sich all seiner Sinne mächtig – vergleichbar unseren Träumen, in denen wir sehen, hören, fühlen, riechen und schmecken können, ohne uns bewußt zu sein, daß wir träumen. Genauso geht das Totenbuch davon aus, daß der Gestorbene seinen neuen Zustand vorerst nicht wahrnehmen kann.
Nun beginnt die Belehrung des Toten durch den neben der Leiche sitzenden geistlichen Helfer, eine Initiation ins *bardo*-Leben. Im Gegensatz zu den Initiationen (Einweisungen) der Lebenden, die ja letztlich alle auf den Tod ausgerichtet sind, bereitet diese auf die neue Geburt vor. Während im «Diesseits» die Einweihungen von außen nach innen oder von unten nach oben führen, beginnt im «Jenseits» die Reise mit der Wahrnehmung des *Großen Urlichtes,* gleitet dann langsam ab in Illusion und Trübung, um dann in einem neuen Mutterschoß unterzugehen. Der luzide Höhepunkt des menschlichen Wesens ist somit – von beiden Seiten her gesehen – der Tod. Der Augenblick des Todes ist – so ungewöhnlich das klingen mag – der Höhepunkt des Lebens.
«O Edelgeborener», hört der Gestorbene jetzt den Lama sprechen, «höre zu! Jetzt erfährst du die Strahlung des Klaren Lichtes reiner Wirklichkeit. Erkenne sie! O Edelgeborener, dein jetziger Geist, seiner wirklichen Natur nach leer, nicht zu irgend etwas wie Merkmalen oder Farbe geformt, natürlicherweise leer, ist die wahre Wirklichkeit.» Würde es dem Toten gelingen, «in der Leere der Lichtfülle objektlos zu verharren und damit auf die Nabe des Rades der Wiedergeburt zu treten», wie *Jung* formulierte, wäre die endgültige Befreiung erreicht.

Wer jedoch nicht schon zu Lebzeiten gelernt hat, sich in seinen meditativen Übungen mit diesem *Klaren Licht* zu verschmelzen, die Scheinbegrenzungen des *Ich* aufzugeben und in der «Überfülle von Licht, die weder Geburt noch Tod kennt», aufzugehen, wird jetzt entsetzt die Augen schließen. Das *Klare Licht* löst eine panische Angst vor der vollständigen Vernichtung oder Auslöschung aus. Kein Glaubensbekenntnis wird uns jetzt weiterhelfen, keine Philosophie; wir sollten vorher *erkennen,* daß da kein *Selbst,* kein *Ich* ist, daß dieses Zentrum, das wir *Ich* nennen, leer ist... So klammert sich denn der *Wanderer im Jenseits* an sein illusionäres *Ich,* und das *Klare Licht* nimmt die Gestalt von ebenso illusionären *Himmlischen Wesen* an. Immer wieder weist unser *geistiger Helfer* darauf hin, daß wir eigene, subjektive Bilder projizieren, ähnlich den Traumbildern im nächtlichen Schlaf.
Nach sieben Tagen vergeblicher Bemühungen, die wahre Natur dieser himmlischen Hierarchien zu erkennen, verdüstern sich die Bilder. Die Gottheiten beginnen, in ihrer furchterregenden Form zu erscheinen; der Tote hätte zu Lebzeiten Gelegenheit gehabt, sich auf diese Begegnungen vorzubereiten. Eine entsprechende Meditationsübung im Totenbuch: «Wer auch immer deine Schutzgottheit sei, meditiere lange Zeit über ihrer Form – als augenscheinlich, jedoch in Wirklichkeit nicht vorhanden, wie eine durch Zauber heraufbeschworene Gestalt... Dann laß die Vorstellung der Schutzgottheit wegschmelzen, bei den Extremitäten angefangen, bis von ihr nichts mehr zu sehen ist, und versetze dich selbst in den Zustand der Klarheit und Leere – welche du dir als etwas Konkretes gar nicht vorstellen kannst – und verharre eine Zeitlang in jenem Zustand. Meditiere dann wieder über das *Klare Licht.* Tue dies abwechslungsweise. Nachher gestatte deinem eigenen Intellekt, allmählich wegzuschmelzen, bei den Extremitäten angefangen.» Der Text zeigt, daß die Bilder, die im *Bardo* erscheinen, *Traumbilder* sind. Analog zum Traum können wir diese Erscheinungen erst relativieren, wenn wir *erwacht* sind; dann erst können wir *erkennen,* daß es Traumbilder waren.
Nach weiteren sieben Tagen setzt sich die Reise im Jenseits fort und endet im Totenreich. Von *Yāma,* dem Todesgott, wird uns ein Spiegel vorgehalten, der uns unsere Taten vor Augen führt, und wir werden aufs grausamste gepeinigt. Von ferne hören wir immer noch die Stimme unseres geistigen Führers, der uns ermahnt: «O edler Wanderer im Jenseits» – und es folgt unser Name – «erkenne doch: du hast keinen Kopf, den man dir abhacken, keine Haut, die man dir lebendigen Leibes abziehen kann. Erkenne das, und du bist auch jetzt noch befreit!» Aber nun ist es zu spät. Wir haben die Kraft nicht mehr. Wir sind nur noch von einem Wunsch beseelt, aufzuwachen. Mit all unseren Kräften wünschen wir uns einen neuen physischen Körper. Wilde sexuelle Phantasien durchdringen uns. Wir beobachten kohabitierende Paare und suchen uns einen Mutterschoß.
So beginnt ein neuer Zyklus, ein neues Erdenleben, eine neue Hoffnung. Vielleicht werden wir diesmal erkennen, daß *Saṃsāra (das Aufstehen und immer wieder Aufstehen)* und *Nirvāṇa (das Verwehen in die letzte Wirklichkeit)* nicht zwei verschiedene Welten sind, sondern Spiegelungen der EINEN WIRKLICHKEIT.

Erläuterungen zur grafischen Darstellung des «Bardo Thödöl»

Diese Zeichnung ist ein Versuch, das *saṃsārische* «Aufstehen und immer wieder Aufstehen», also den Zyklus der Wiedergeburten, optisch anschaulich zu machen. Beim Betrachten der Grafik fällt auf, daß dem Leben nicht der Tod, sondern dem Tod die Geburt – dagegen dem «Leben mit Körper» ein «Leben ohne Körper» gegenübersteht.

Auf der Seite des «Lebens mit Körper», also unseres irdischen Daseins, unterscheiden wir drei Zwischenbereiche oder *Bardos:*

Das *Nirmāṇakāya,* das vom Moment des Belebens unseres physischen Körpers bis zu dessen Verlassen in unserer Todesstunde dauert und die Erfahrungen unseres Tagesbewußtseins umfaßt.

Saṁboghakāya, das vom Einschlafen bis zum morgendlichen Aufwachen dauert und die Welt unserer nächtlichen Träume umschließt.

Und *Dharmakāya,* das Beginn und Ende einer Meditation bedeutet. Erreichen wir in der Versenkung den höchstmöglichen Grad, nämlich das «Bewußtsein ohne Inhalt» – in der östlichen Terminologie *Samādhi* –, schauen wir ins «Klare Licht».

Im Moment des Überschreitens der Schwelle des Todes – kurz nach dem «Großen Einschlafen» – begegnet uns das, was im Totenbuch das «Klare Licht» *(Chi-kha'i-Bardo)* genannt wird. Nur wer bereits zu Lebzeiten gelernt hat, die Scheinexistenz des Ego aufzugeben, um sich im All-Einen zu verlieren, wird jetzt den Mut haben, dem «Klaren Licht» von «Angesicht zu Angesicht» entgegenzutreten. Einzig der Heilige wird vor diesem «Göttlichen Licht» seine Augen nicht abwenden müssen.

Für alle noch im *Saṃsāra* gefangenen Wesen beginnt nun der Abstieg durch das *Tschönyid-Bardo,* in welchem wir so real wie in einem Traum die «Wirklichkeit der Lehre» erleben. Sämtliche himmlischen Hierarchien, mit denen wir uns zu Lebzeiten beschäftigt haben, werden uns erscheinen. Zuerst nehmen sie ihre luzideste Form an, um dann in immer «zornvolleren» und «rasenderen» Gestalten zu erscheinen.

Schließlich erwacht in uns der brennende Wunsch, diesem Reich, im Totenbuch *Sid-pa-Bardo* genannt, zu entfliehen. Wir wünschen uns nichts sehnlicher, als aufzuwachen. Erotische Bilder und wilde sexuelle Phantasien peinigen uns. Wir suchen die Schwingungen von kohabitierenden Paaren, beobachten sie und verlieben uns in die zukünftige Mutter oder, als weibliches Wesen, in den zukünftigen Vater. Wieder treten wir in eine neue «zyklische Existenz» ein. Unser Bewußtsein geht in einem Mutterschoß unter, es beginnt ein neuer Erdentag.

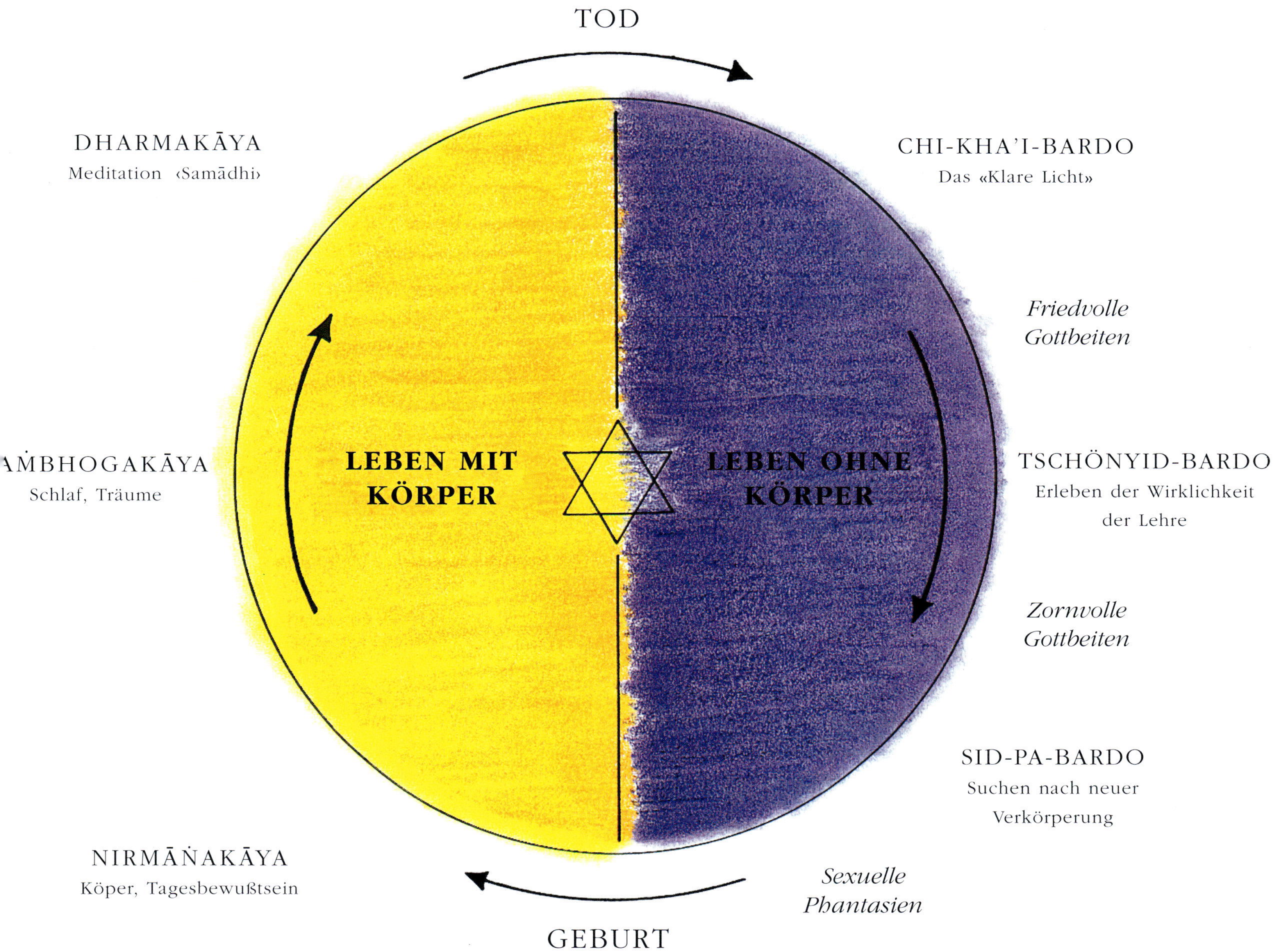
TOD
DHARMAKĀYA
Meditation ‹Samādhi›
CHI-KHA'I-BARDO
Das «Klare Licht»
Friedvolle
Gottbeiten
ṀBHOGAKĀYA
Schlaf, Träume
LEBEN MIT
KÖRPER
LEBEN OHNE
KÖRPER
TSCHÖNYID-BARDO
Erleben der Wirklichkeit
der Lehre
Zornvolle
Gottbeiten
SID-PA-BARDO
Suchen nach neuer
Verkörperung
NIRMĀṄAKĀYA
Köper, Tagesbewußtsein
Sexuelle
Phantasien
GEBURT

121 • Der Dordsche-chang chenpo, «der Große Halter der Dordsche», steht hier stellvertretend für alle friedvollen Gottheiten, die dem «Wanderer im Jenseits» im ersten Teil seiner Reise begegnen.

122 • Der in einer Feuer-aureole einherdonnernde Dharmarāja Yamāntaka soll hier die alptraumartigen Erlebnisse darstellen, die dem «Wanderer im Jenseits» begegnen. Wohl dem, der sich schon zu Lebzeiten mit seinen dunklen Urkräften auseinandergesetzt und versöhnt hat; der braucht sie jetzt nicht zu fürchten!

123 • Von Yāma, dem Todesgott, wird uns ein Spiegel vorgehalten, der uns unsere Taten vor Augen führt. Es erscheint uns, als erlebten wir die schrecklichsten Peinigungen. Den «Wanderer im Jenseits» erreicht kaum mehr die Stimme des neben ihm sitzenden Lamas und Begleiters, die ihn ermahnt zu erkennen, daß alles nur Projektionen, «Bilder aus deinem Herzen», sind. Von einem Wunsch nur sind wir beseelt, nämlich aufzuwachen!

124 • Die Reise im Bardo geht zu Ende. Der Wunsch nach einer neuen Existenz wird übermächtig. Der «Wanderer im Jenseits» wird ermahnt, sich einen Mutterschoß zu wählen, der zu einer guten Wiedergeburt führt. Er schwingt sich ein in die Vibration kohabitierender Paare und findet so schließlich seine neuen Eltern.

Ein neuer Tag beginnt. Wieder ist die Vollendung der Knospe beschlossen. Von neuem ist uns die Möglichkeit gegeben, sie zum Erblühen zu bringen, sich dem Lichte zu öffnen. «Oṁ maṇī padme hūṁ ...»
Ob es uns diesmal gelingen wird?

Du lebst in Illusion und der Erscheinungswelt der Dinge:
aber es gibt eine Wirklichkeit:
du bist diese Wirklichkeit, aber du weißt es nicht.
Wenn du erwachst in dieser Wirklichkeit, wirst du erkennen,
daß du nichts bist, und nichts seiend bist du alles.

(Kalu Rimpotsche)

Epilog

Gespräch zwischen einem Meister und einem Schüler

M Wer bist Du?
Sch Danach suche ich.

M Setz dich hierher zu mir. Seit wann beschäftigst du dich mit geistigen Dingen?
Sch Seit meiner Jugend.

M Was hast du gemacht, um dich zu entwickeln?
Sch Das Leben hat mir die Aufgaben gestellt, dann habe ich unter der Anleitung eines indischen Meisters Yoga geübt. Ich meditiere auch.

M Du hast also Yoga praktiziert. Welche Meditationsform hast du gewählt?
Sch Die scheinbar einfachste. In Indien würde man sie wahrscheinlich «Vipāssana» (Atembeobachtung) nennen.

M Und was hast du in den vergangenen 30 Jahren herausgefunden, das du damals, als du begonnen hast, noch nicht wußtest?
Sch (Nach einigem Zögern:) Daß ich «ich» bin.

M Warst du vor 30 Jahren nicht auch schon «ich»?
Sch Doch, natürlich!

M Welche Anstrengung hat es dich damals gekostet, «ich» zu sein?
Sch Keine, ich war einfach...

M Weshalb hast du dann etwas gesucht, das du schon immer warst?
Sch ...?

M Wenn du schläfst, bist du dann auch?
Sch Gewiß!

M Und kostet dich das Anstrengung?
Sch Nein, im Schlafe kann ich mich nicht anstrengen.

M Wer in dir weiß, daß du im Schlafe auch bist?
Sch Es gibt so etwas wie einen ständigen Beobachter in uns, der immer wach ist, der auch im Schlaf beobachtet, unsere Träume beispielsweise.

M Das ist sehr richtig. Aber wenn du über diesen Beobachter nachdenkst, ist er schon wieder Verstand!
Sch Das ist mir bewußt. – Wenn ich aber spreche, bin ich gezwungen, mich in Worte zu fassen.

M Wer beobachtet jetzt in dir die Schwierigkeit, die sich ergibt, wenn du dich in Worte fassen mußt?

Sch – beobachtet schweigend –

M Keine Worte?

Sch Nein, keine Worte. Vielleicht ein Zen-Koan: «das Geräusch des Klatschens einer Hand».

M Ja – «Nicht Zweiheit» – Schweigen...
(Nach einer Weile:) Was hat dir im Leben den größten Eindruck gemacht?

Sch Der Blick in die Augen eines erwachten Meisters.

M Das ist Inspiration, aber immer noch auf der Ebene des Körperlichen –. (Nach einer Schweigepause fragt er:) Was wirst du jetzt weiter tun?

Sch Nach allem, was ich bis jetzt erfahren habe, gibt es in Wirklichkeit nichts weiter zu tun.

M Ja, aber wie kann man «nichts» tun?

Sch Wenn wir alles wollen, was geschieht, geschieht dann nicht alles, was wir wollen? Was gäbe es da noch zu tun? Vielleicht bleibt uns nur das Schwierigste noch zu tun: all unsere Wünsche fallenzulassen. Unsere Wünsche sind es, die uns an diese Welt fesseln.

M Alle Wünsche? (fragt er eindringlich.) Auch der Wunsch, eines Tages erleuchtet zu sein?

Sch – Ja, alle; auch der Wunsch nach Erleuchtung –.

Anhang

Inhalt

Die buddhistische Erkenntnislehre – Eine Reise nach innen

ANHANG

Weiterführende Literatur

Aufbruch in den Himalaja. Land und Leute

Ladakh

Brauen, Martin, *Feste in Ladakh,* Akad. Druck- und Verlagsanstalt, Graz 1980.

Harrer, Heinrich, *Ladakh, Götter und Menschen hinterm Himalaja,* Pinguin-Verlag, Innsbruck/Umschau-Verlag, Frankfurt a. M. 1978.

Jäschke, H. A., *Handwörterbuch der tibetischen Sprache,* Biblio-Verlag, Osnabrück 1971.

Jettmar, Karl, *Die Religion des Hindukusch* (Reihe: Religion der Menschheit 4, I), Verlag. W. Kohlhammer, Stuttgart 1975.

Jottotshang, Tenzin, *Neuzeitliches deutsch-tibetisches Lehrbuch,* Tibet-Institut, Rikon/Zürich 1976.

Keilhauer, A. u. P., *Ladakh und Zanskar,* Du Mont-Buchverlag, Köln 1980.

Peissel, Michael, *Zanskar. Ein Königreich auf dem Dach der Welt,* Econ, Düsseldorf 1981.

Lauf, Detlef Ingo, *Das Erbe Tibets,* Wesen und Deutung der buddhistischen Kunst von Tibet, Kümmerly & Frey, Bern 1972.

Lauf, Detlef Ingo, *Eine Ikonographie des tibetischen Buddhismus,* Akad. Druck- u. Verlagsanstalt, Graz 1979.

Scheidegger, Daniel A.: *«Tibetan Ritual Music»,* Opuscula Tibetana, Fasc. 19, Tibet-Institut, Rikon/Zürich 1988

Bhutan

Bonn, Gisela, *Bhutan. Kunst und Kultur im Reich der Drachen,* Reiseführer, Du Mont Buchverlag, Köln 1988.

Gansser, Ursula/Olschak, Christine/Blanche, Augusto, *Bhutan – Land der verborgenen Schätze.* Verlag Hallwag, Bern/Stuttgart 1979.

Süd-Tibet, Provinz Ü

Bell, Sir Charles, *Tibet – Einst und Jetzt,* F. A. Brockhaus, Leipzig 1925 (deutsche Übersetzung).

Harrer, Heinrich, *Sieben Jahre in Tibet,* Ullstein-Verlag, Wien 1959.

Richardson, Hugh E., *Tibet: Geschichte und Schicksal* (Engl. Orig.: *Tibet and Its History* (1962), Alfr. Metzner Verlag, Frankfurt/M. und Berlin 1964.

Schulemann, Günther, *Geschichte der Dalai-Lamas,* VEB Harrassowitz, Leipzig 1958.

Nordost-Tibet, Amdo

Herrmanns, Matth. P., *Die Familie der A-mdo-Tibeter,* Verlag Karl Alber, Freiburg i. Br./München 1959.

Rock, Joseph F., *Seeking the mountains of mystery.* An expedition on the China-Tibet frontier to the unexplored Amnyi Machen Range, one fo whose peaks rivals Everest, The National Geographic Magazine, Vol. LVII (Febr. 1930), No 2, pg. 131 ff. Washington 1930.

Schäfer, Ernst, *Unter Räubern im Tibet,* Gefahren und Freuden eines Forscherlebens, Goldmanns Gelbe Taschenbücher, Bd. 321, W. Goldmann Verlag, München 1954.

Die Leiden eines Volkes. Flucht und Exil

Dalai Lama XIV, *Mein Land und mein Volk,* Knaur, München/Zürich 1982 (vierte Auflage).

Gyaltag, Gyaltsen, *Die tibetische Familie im Spannungsfeld zwischen zwei Kulturen,* Fasc. 21, Tibet-Institut, Rikon/Zürich 1990.

Hagen, Toni, *Erfahrungen im Umgang mit Tibetern,* in: Schweiz. Rotes Kreuz, Heft 8, Nov. 1961, pg. 32 ff., Bern 1961.

Lindegger, Peter, *20 Jahre Klösterliches Tibet-Institut Rikon/Zürich,* Eine Bestandesaufnahme. Rikon/Zürich 1988.

Norbu, Thubten Jigme (Bruder S. H. des Dalai Lamas), *Tibet-Verlorene Heimat,* Ullstein, Wien/Berlin/Frankfurt/M. 1960.

Ott-Marti, A. E., *Tibeter in der Schweiz – Kulturelle Verhaltensweisen im Wandel,* Eugen Rentsch Verlag, Erlenbach/Zürich 1971.

Peissel, Michel, *Die Chinesen sind da!* – Der Freiheitskampf der Khamaps), Paul Zszolnay, Wien/Hamburg 1973.

Taring, Rinchen Dolma; *Eine Tochter Tibets,* Marion von Schröder Verlag, Hamburg/Düsseldorf 1972.

Die buddhistische Erkenntnislehre. Eine Reise nach Innen

Bärlocher, Daniel, *Testimonies of Tiebetan Tulkus;* A Research among Reincarnate Buddhist Masters in

Exile. Volume I: Materials. Volume II. Appendices. Opuscula Tibetana. Fasc. 15 A und 15 B. Arbeiten aus dem Tibet-Institut, Rikon/Zürich 1982.
Chang, Garma C. G. *Mahamudra-Fibel* (Eine Einführung in den tibetischen Zen-Buddhismus), Octopus Verlag, Wien 1979.
Dargyay, Eva K./Dargyay, Lobsang, *Das Tibetische Buch der Toten* (erste Originalübertragung aus dem Tibetischen), Otto Wilh. Barth Verlag, München 1977.
Evans-Wentz, W. Y. (Ed.) *Das Tibetanische Totenbuch oder die Nachtod-Erfahrungen auf der Bardo-Stufe;* Einführung und Vorwort C. G. Jung; Walter-Verlag, Olten 1989 (sechzehnte Auflage).
Glasenapp, Helmut von, *Der Pfad der Erleuchtung,* Eugen Diederichs, Düsseldorf 1956.
Govinda, Anagarika. *Der Weg der weißen Wolken,* Barth Verlag, Weilheim 1973 (zweite Auflage).
Govinda, Anagarika, *Grundlagen tibetischer Mystik,* Rascher-Verlag, Zürich und Stuttgart 1962.
Grieder, Peter, *Buddhismus – Eine atheistische Religion?* Tibet-Institut, Rikon/Zürich 1989 (5. Auflage).
Haich, Elisabeth, *Sexuelle Kraft und Yoga,* Drei Eichen Verlag, München 1979.
Lati Rimpotsche/Jeffrey Hopkins, *Stufen zur Unsterblichkeit. Tod, Zwischenzustand und Wiedergeburt,* Eugen Diedrichs Verlag, Düsseldorf 1987.
Moody, Raymond, *Leben nach dem Tod* (mit einem Vorwort von Elisabeth Kübler-Ross), Rowohlt-Verlag, Hamburg 1977.
Oldenberg, Hermann, *Buddha – sein Leben, seine Lehre, seine Gemeinde,* Verlag von Wilh. Hertz, Berlin 1897 (dritte Auflage).
Rajneesh, Shree, *Die tantrische Vision* (Diskurse über das Königslied Sarahas), Wilhelm Heyne Verlag, München 1985.
Tibet-Sammlung G. W. Essen, *Die Götter des Himalaya* – Buddhistische Kunst aus der Sammlung Gerd Wolfgang Essen. Hrsg.: G. W. Essen, unter Mitarbeit v. T. T. Thingo und Renate Essen. Fotos v. Hans Meyer-Veden, München 1989.
Tucci, Giuseppe, *Geheimnisse des Mandala,* Theorie und Praxis, Otto Wilh. Barth-Verlag, Weilheim/OBB. 1972.
Tucci, Giuseppe/Heissig, Walther, *Die Religion Tibets und der Mongolei,* Kohlhammer-Verlag, Stuttgart/Berlin/Köln/Mainz 1970.

Bildnachweis

«The World of Tibetan Buddhism», published by Gyosei Ltd., Japan
104 (Ādi-Buddha Samantabhadra), 116 (Khachö Wangmo), 117 (Seng-dong-ma), 121 (Dordsche-chang-chenpo), 122 (Dharmarāja Yamāntaka), Vorsatz vorne («Eintausend Buddhas», Amithaba), Vorsatz hinten («Eintausend Buddhas», Mañjugośa)

«Art Treasures of Tibetan Buddhism», published by Gyosei Ltd., Japan
111 (Vajrabhairava-Maṇḍala), 114 (Grüne Tārā), 115 (Pèlden Lhamo), 118 (Bodhisattva Padmāpaṇi), 119 (Boddhisattva Mañjuśrī), 123 (Im Reich des Todesgottes Yāma)

«Tibetan Mandalas», published by Kodansha Ltd., Japan
113 (Amnata-Maṇḍala)

Michael Henss, Zürich
77 (Mönche in roter Robe)

Christof Spitz, Hamburg
98 (Trijang Rimpotsche)

Tantra Asana (Ajit Mookerjee Verlag Ravi Kumar, Paris)
103 (Tantrische Darstellung)

Rietberg Museum, Zürich (Wettstein & Kauf)
93 («Sieg»)

Florian Braun, Zürich
95 (Bronce: Bodhisattva Mañjuśrī), 105 (Bronce: Bodhisattva Tschenresig), Privatbesitz des Autors

Bernard Felten, Leverkusen
89 (Kāla-Tschakra-Initiation), 90 (Sand-Maṇḍala im entstehen), 91 (Detail Sand-Maṇḍala)

Privatbesitz: Gerd Wolfgang, Essen
101 (Bhava-Tschakra)

Alle hier nicht aufgeführten Bilder sind vom Autor.

Dank

Dieses Buch hätte ohne eine Reihe von engagierten Mitarbeitern, Mitarbeiterinnen und Helfern die vorliegende Form nicht finden können.

Zuerst möchte ich Léonard Manneke-Appel und Marie Milis erwähnen, die mich mit liebevollem Nachdruck davon überzeugt haben, meine persönlichen Erfahrungen und mein Bildmaterial in der vorliegenden Form zu publizieren. Gleich danach möchte ich meinem Freund und Vorgänger im Amt als Kurator am Tibet-Institut in Rikon/Zürich, Peter Lindegger, meinen Dank aussprechen. Erst sein unerbittlicher Rotstift hat – vor allem was Transkription und phonetische Wiedergabe der tibetischen Idiome anbelangt – meine Manuskripte publikationswürdig gemacht.

Peter Kessler bin ich für das spezielle Kartenmaterial dankbar, das er mir freundlicherweise zur Verfügung gestellt hat, und der Bibliothekarin des Tibet-Institutes, Rosemarie Küng, für ihre unentbehrliche Unterstützung. Ferner danke ich Christine Howeg, welche es übernommen hat, die Entwürfe ins reine zu schreiben, und nicht zuletzt meiner Tochter Daniela, die als Grafikerin für die ansprechende Gestaltung dieses Bildbandes verantwortlich zeichnet.

Das private Sekretariat Seiner Heiligkeit hat den in der deutschen Sprache gut bewanderten Ew. Lodroe Rimpotsche, Mitglied der Mönchsgemeinschaft des Klösterlichen Tibet-Institutes, beauftragt, die Texte aus der Sicht der buddhistischen Lehre auf ihre Richtigkeit hin zu überprüfen. Auch ihm bin ich für seine Mitarbeit sehr zu Dank verpflichtet.

Mit dem schönen Vorwort jedoch, das Seine Heiligkeit, der DALAI-LAMA, meiner Publikation liebenswürdigerweise voranzustellen geruhte, ist meinem aus innerer Überzeugung und ehrlichem Bemühen heraus entstandenen Werk ein Glanzlicht aufgesetzt worden, das ich nur still entgegennehmen kann.

Peter Grieder

Buchdeckel-Innenseite (vorne): Eintausend Buddhas, mit Amithaba in der Mitte.

Buchdeckel-Innenseite (hinten): Eintausend Buddhas, mit Mañjugosha in der Mitte.

Titel der französischen Originalausgabe:
Pays entre ciel et terre – Tibet, un voyage intérieur
© La Renaissance du Livre, Bruxelles 1990

Titel der deutschen Ausgabe:
Tibet, Land zwischen Himmel und Erde
© Patmos Verlag GmbH & Co. KG
Walter Verlag, Düsseldorf und Zürich

Die Deutsche Bibliothek – CIP Einheitsaufnahme

Ein Titeldatensatz für diese Publikation
ist bei der Deutschen Bibliothek erhältlich.

© 2000 Patmos Verlag GmbH & Co. KG
Albatros Verlag, Düsseldorf
Alle Rechte, einschließlich derjenigen
des auszugsweisen Abdrucks sowie der fotomechanischen
und elektronischen Wiedergabe, vorbehalten.
ISBN 3-491-96000-2